嶺南
風土叢書

疍家人

附陳序經《疍民的歌謠》

張壽祺 著

中華書局

目　錄

自 序

　　我與水上居民接觸、交往，遠在 20 世紀 30 年代前期已開其端。那時，我還是少年，每年暑假總喜歡在故里東莞縣城珊洲岸畔游泳，常與當地水上少年一起，載浮載沉於東江浪濤中。累了爬上附近的「水欄」休憩，與盤坐在地板上編織漁網的老婆婆拉家常。這便是我個人與水上人家最初的交往。

　　20 世紀 30 年代，爆發了抗日戰爭。艱苦的歲月裏，我於 1940 年冬穿過雲貴高原，從雲南澂江追隨中山大學返粵。途中，接觸過好些少數民族。1941 年，也曾在廣東北江和廣西柳江以及一些西江支流，訪問過水上居民，多次借宿於其舟中。當時，我在中山大學正跟隨楊成志教授學習「人類學」這門科學。由於長期與水上人羣接觸，那時遂萌發出研究這個羣體的想法。而

我真的下決心研究這個羣體，實自 1952 年冬天始。當
時我正在海南島文昌縣農村體驗生活，在舖前港附近一
個名為「新埠」的小漁港住下，每日都跟隨該地漁民一
起搖船出海，參加漁場下網佈置的勞動，牽曳起網的操
作，與他們同食同住同勞動十天。這段短促的時光，使
我感到對這個人羣了解太少，特別是對於他們的海洋作
業、本身意識、生活習慣以及歷史，知之實在不多，遂
下決心研究這個羣體。以後，可惜由於工作變動，遂無
所成。1965 年夏，我又被下放到廣州郊區，我索性來到
黃埔港對岸一個沙洲「洪聖沙」水上居民聚集區落戶，
與他們一起耕作，一起養鴨，一起在江上打漁，共同生
活足足一年，使我加深了對這個居民羣體的認識。

　　1981 年初，著名人類學家梁釗韜教授在中山大學
重新創辦「人類學系」，我遂得重操舊業。1984 年，系
裏同事體質人類學家黃新美教授提出研究「珠江口水上
居民」的課題，我遂高興地與之合作，共同商討，選定
調查地點。

　　總計劃幾經修改，而能付之於行動，主要得到中
山大學經濟學專家桂治鏞教授、黃新美教授伉儷多方支
持，不斷地努力促成。

　　1985 年至 1988 年，又得到設在香港的中山大學高等學術研究中心基金會資助，使這項研究經費有着，逐付之實行。

　　體質人類學方面，由黃新美教授草擬《珠江口水上居民體質特徵調查大綱》。接着，她背負儀器，帶同助手，親到伶仃洋畔住下，先後測量了八百多人的體質，取得一大批科學數據，進行了細緻的統計，再由她執筆寫成體質人類學論文，分別發表於中國科學院《人類學學報》和中山大學的《中山大學學報》（哲學、社會科學版）。她的研究，深刻地證實水上居民乃屬於南方漢族的一個組成部分，從體質特徵來看，他們的族源乃在中國土生土長。她這項研究成果，實現過去著名學者陳序經、羅香林兩位教授生前曾夢寐以求，而又未能實現的對水上居民進行體質人類學研究的願望。1989 年她又編著成《珠江口水上居民（疍家）的研究》一書，由中山大學出版社於 1990 年 1 月出版，備受中外人類學家注目。

　　「珠江口」這項研究，文化人類學方面，歷史、考古、語言、風俗、社會、水上作業諸項目，由我負責調查。

　　近十年來，我個人為着對整個華南地區的水上居民的研究，曾到過廣西梧州、廣西西北部三江縣，貴州省黔東南的邊緣，海南省的三亞市和陵水縣，廣東省的肇慶市、湛江市以及與黃新美教授一起在珠江口工作過一段時間；1988 年並與黃教授聯合寫成《珠江口水上先民「蜑家」考》長篇論文，發表於長春市出版的《社會科學戰線》（1988 年第 4 期）。

　　這本《蜑家人》，乃憑自己過去幾十年在各地調查所記下的記錄稿本，以及歷年所摘錄有關文獻資料寫成，並加上在珠江口調查所得。

　　作為一個人類學工作者，對這個羣體長期觀察、交往，經過半個世紀的了解，才筆之於書，這乃是作為對這個水上人羣探索工作的階段性總結。現在這工作已暫告一段落，今後還要進一步研究的乃在於這個羣體以後發展的問題。

　　本書在 1990 年熱浪籠罩下的羊城，揮汗如雨，伏案疾書而成。缺陷的地方正多，希求讀者不吝珠玉賜教，俾得匡正。

張壽祺

及泊岸的繩套之用。中間有三個較大的艙，其中第二個和第三個乃水艙。這兩個艙，艙與艙間有孔相通，艙內的水可以通過水孔流向隔壁艙。在水裏捕得的魚，便將之養於水艙裏。第四個底艙乾爽，用以貯備臥具和衣物。艇尾的小繪乃作為貯藏米糧和一些乾柴枝之用。底艙之上概墊以甲板，日間作業便站在甲板上進行。不論操縱雙槳前進或撒網捕魚，都站在甲板上為之。作業完畢，吃飯閒聊，也是坐在甲板上。夜裏並以甲板為牀而睡覺。每隻艇若要養雞養鴨，則將雞、鴨連籠子掛在船旁；雙槳和篙杆亦擱在船旁。艇尾及其小艙上部，作為放置炊具、柴、米、油鹽之處。總的來說，蜑家艇面積雖小，但是它每一個小面積都充分利用，絕沒有空置的地方。

艇頭是全艇最神聖之處。過去每逢春節，必以紅紙寫上「船頭興旺」四個字，貼在船頭最高處。春節過後，第一次啟行，必以豬肉為牲，並準備活雄雞一隻，祭拜船頭。祭拜時，以利刃刺穿雄雞的雞冠，以雞冠血塗滴在船頭和船頭兩側。據說這樣做可以辟邪，可以得神的保祐，航行平安。

蜑家艇每兩年必須維修一次。維修時，首先將艇

宿。若是在珠江口伶仃洋內，茫茫水域，遠離岸邊，遇上颱風，只好盡力在水面上操持和掙扎。隨着巨浪洶湧，上下迴旋，頭簸漂蕩，盡人力而聽天。碰上這種場面，在歷史上，不知有多少疍家艇與水上居民，葬身於伶仃洋魚腹裏，傳下相當多悲慘的故事。

其次，說到艇身推進力，它主要靠安置於艇旁的一雙長槳；這雙槳一般裝於艇的中間偏後。這種槳有時多備一副，安置於近艇頭的地方，兩人同時操縱，四槳齊下，在水上滑行如飛。

這種艇以雙槳作為推動力，是歷史傳承下來的。改革開放以後，廣州郊區新洲、黃埔以及番禺的蓮花山，已有不少水上居民，於疍家艇尾部裝上發動機，安上小型螺旋槳，以機械作為推動力，傳統的雙槳開始廢棄不用。這種裝有發動機的疍家艇，番禺縣蓮花山一帶稱之為「夫妻艇」，東莞市虎門一帶稱之為「連家船」。這種艇，不管是開到虎門以外伶竹洋裏打漁也好，或渡人來往於大江間也好，以機械動力代替了人力，行駛速度有所提高，這算是一種進步。

第三，艇內底艙的設備。艇的底部，一般將之間隔成為五個底艙。艇的頭部小小底艙，用於貯備漁網以

蜑家艇

點線香，並燒紙錢拜土地神，拜岸邊神，拜水神；下水後，又拜船頭，並在船頭禱告平安。

嶺南夏秋期間常有颱風。這些小艇的艇家善於觀天，一見天色發生特殊變化，便將艇子迅速的駛近岸邊，進入涌滘灣頭避風。避風地點有堤壩作屏障；同時「蜑家艇」身高度不大，擋風面積較小，船篷不會被颱風颳翻。於灣頭、涌滘裏，風大浪大，艇身雖極度顛簸，不會翻沉。若是來不及進入避風塘或距離灣頭較遠，只好航泊在岸邊，用棕繩將艇篷繫緊，以防被颱風颳走。否則失掉艇篷，風大雨大，便無法安身，無法棲

匠所能為之。在水上居民羣體中，有一定的專業戶專司其事。過去，珠江三角洲每一個較大的鄉鎮，濱水地方都設有製造這類船艇的大型茅棚廠。製造這種艇，主要用「杉木」（Cunninghamia lanceolata），乃取其在水上易浮。這種艇頭部尾部都翹起，製時乃將杉木板用火燙熱，將之彎曲而成。木板與木板之間，鑽出一排小孔，裝上兩頭尖的鐵釘，將板塊平排平排的加以拼合成為艇身。板與板之間所有拼縫，全塞上柔軟的簾絲或竹絲，並用木具將之搗敲，使藤絲或竹絲能密切的切入縫裏，再將以桐油拌合糯米粉或拌合黏土所做成的黏合劑（桐油灰）將之黏實。這樣，艇身就不會漏水。疍家艇整隻艇身做成以後，全部均塗上厚厚的桐油，長期泡水，一兩年內不會被水質腐蝕、發霉而腐爛。

艇身製成後，再配以弧形的艇篷。這種篷乃以竹簾織成兩塊網狀的簾塊。塊與塊間再夾上乾的蒲葵葉（學名 Livistona Chinenis），再以竹簾將之夾合成為一塊。每隻艇有艇篷兩三張，並就艇旁豎起的木架，將之擱起，能自由拉開或拼合。這樣既可遮陽，又可以擋雨；在打漁時，可以將之拉開，俾便於作業。

整隻艇全部製成下水時，艇主在棚廠裏燃蠟燭、

1 蛋家艇的外形和結構

在歷史上,「蛋家艇」是水上居民的住所,同時也是他們重要的生產工具。這種艇結構特殊,沒有舵,沒有錨,沒有艣,全憑人力泛起雙槳作為動力而推進。它向左轉,向右轉,向後退,也是憑雙槳所泛出「力的傾向」而成。它吃水非常淺,在江河和海濱的水面上,能輕巧地破浪前進。艇裏,並準備一兩枝篙杆,平常可以將網撐開,使網晾乾。若要泊岸,便將一根連着艇身的繩索圈套拉出來,再插上一根篙杆,直插入岸邊泥土裏,艇身便能隨着潮水升降而升降,既不會被擱淺,也不會被扣死而使艇身傾側翻沉。若要駕艇到別的地方,拔起篙杆一撑,便會離開岸邊而去。

人們憑着這樣的蛋家艇在水上作業,一人在艇中間操着雙槳,一人立在艇頭撒網打漁,迴環進退,配合默契。

這種艇,就其外形來看,保留着獨木舟一些特點。可以看出它最早是從獨木舟演變過來的。

製作這種艇,有其傳統的手工藝;非一般木工工

香港水墨畫聯展

二

語族語言詞彙集》15頁，中央民族學院出版社，1985年版。

8　參閱張壽祺、宋長棟《廣州從化縣呂田區「本地人」來源辨》，刊於《廣州研究》1987年第五期。

9　據《前漢書》卷二十八下「地理志」。

10　詳見張元生《壯族人民的文化遺產──方塊壯字》，刊於中國民族古文字研究會編《中國民族古文字研究》503頁，中國社會科學出版社，1984年。

11　見同上513頁以及所附的254號方塊字形狀，和509頁所標的「丁」聲，並說：「同樣是丁聲……」

12　見《欽定全唐文》卷五百八十，中華書局影印本，1983年版。

13　見《集注分類東坡先生詩》卷二十二。

14　見蘇過《斜川集》卷三《已卯冬至，儋人攜具見飲罷有懷惠許兄弟》詩。

15　同11。

16　詳見同上文所列的第973號古壯族方塊字。

一

疍家的來源和分佈

1 「蜑家艇」與蜑家人

　　人們若從北方南來，進入嶺南地區，會發現各條江河水面上浮泛着一隻一隻有篷的小艇。若從海外歸來，到達香港或廣東海岸，同樣也會有此發現。

　　這種小艇，嶺南人稱之為「蜑家艇」。艇上的人，世世代代生活於水上，過去人們稱之為「蜑家」「蜑民」，現在稱之為「水上居民」。

　　古文獻裏，《隋書》卷八十二「南蠻傳」所謂「南蠻雜類，與華人錯居，曰蜒、曰獽、曰俚、曰獠、曰㐌，俱無君長，隨山洞而居，古先所謂百越是也。」

　　獽、俚、獠、㐌，究竟屬於今天南方哪些民族的先民，學術界眾說紛紜，難於辨認。至於「蜒」乃指水上居民羣的先民無疑。北宋徐鉉所稱的《說文‧新附》：蜑（筆者按，這個字與「蜒」字相通），「南方夷也，從虫，延聲，徒旱切」。便是一個證明。

　　北宋紹聖元年（1094 年）蘇東坡被貶到嶺南，曾寫過一首《連雨漲江》詩說：「牀牀避漏幽人屋，浦浦移家蜑子船。」[1] 所謂「蜑子船」便是指「蜑家艇」。

清代描繪蛋家生活的外銷畫

　　從這些古籍所記所述，我們可以想像嶺南水上居民羣體源遠流長。

　　由於世世代代生活在水上，艇裏任何一位成員，均熟習水的環境。潮水襲來，他們能踏浪花；潮水沖擊着岸畔的蘆荻，裸露出蘆根，兒童懂得將蘆根採集，於白天晴日將之曬乾，售給中药店；狂風怒號時，水面湧起銀山一般的巨浪，他們也能操舟徊泛，使小艇在浪中從容自如。南宋詩人楊萬里於嶺南為官時寫下一首《蜑戶》詩：

　　　　天公吩咐水生涯，從小教他踏浪花。

　　　　煮蟹當糧那識米，緝蕉為布不須紗。

夜來春漲吞沙嘴，急遣兒童剒荻芽。

自笑平生老行路，銀山堆裏正浮家。**2**

　　詩中所謂「緝蕉為布」，乃指南方熱帶長有一種形狀像芭蕉樹似的「芭蕉麻」（學名 Musa textilis），葉鞘，韌皮，纖維堅韌，有光澤，耐水浸，可製繩索、船纜、漁網，也可用之紡織成布。古代水上居民，多用這種芭蕉麻纖維織布為衣料。

　　這些羣體，多數居於艇裏或舟中，也有一些匯集在河涌或港灣沿岸，架設水上「干欄」（所謂「水棚」）居住。明末清初顧炎武《天下郡國利病書》卷一百四「廣東八」說：「蜑戶者，以舟楫為宅，捕魚為業，或編篷瀨水而居，謂之水欄。」根據筆者多年調查，總的來看，嶺南江河和海灣岸畔，雖有水欄，唯這種居民，舟居佔絕大部分。這是跟其從事水上作業有關，方便於撈捕。這種水上羣體的人們有幾個特點：

① 居無定所

　　早在北宋時期，樂史編著的《太平寰宇記》卷一百五十七「嶺南道一・廣州・新會縣」已有所記述：

「蛋戶，縣所管，生於江河，居於舟船，隨潮往來，捕
魚為業。」他們為着打漁，一葉小舟，浮泛於江河各
處。哪裏水域多魚的，便泛到哪裏撈捕；哪裏少魚了，
則遷往他處。他們打到了魚便就近靠岸叫賣。為着生
計，永遠不會較長期停留在一個地方。

②「鬆散組織」的羣體

這種羣體，既無宗族作為維繫羣裏的框架，亦無跨
州連縣組合成緊密的鉅羣，更無自己大羣至高的頭人。
他們時合時散，晚上碇泊合起來一小羣一小羣；操舟打
魚，各去各處，又分散各方。這是生存需要。若是多人
聚合於一處打魚，必無所獲。自然資源條件、生產條件
形成了他們這樣鬆散的羣體組織。

③ 多以水產為副食

清初，顧炎武已提及他們「無土著，不事耕藏，唯
捕魚裝載以供食」。[3]

儘管他們多以水產為食，但主食仍不能缺少米
糧，他們撈捕到的水產售之於市，購回白米，作為日給
所需。

④ 男女都是勤勞能幹的人

水上作業男的撒網、拉網固然是繁重的勞動；女的搖着雙漿，控制漁艇的前進後退，有時改由婦女操網，這亦是繁重的勞動。至於網的紡織和加工，以至染網、曬網，概由婦女操作。打到的魚，到市上叫賣，亦由她們負責。養兒育女，也是她們主其事。艇中一切家務細事，由她與丈夫合力為之。

水上居民婦女的艱巨勞動，在歷史上早為人們所注目。清嘉慶二十五年（1820 年），阮元監修的《廣東通志》曾引述《粵東筆記》一書說：「舟子婦子，一手把舵筒，一手煎魚，橐中兒女在背上睡，垂如負瓜瓠，攀罾搖櫓，枇竹縱繩，兒女苦襁褓，索乳哭啼，恆不遑哺。」[4] 就這段描述，可以窺見水上居民歷來都是勤奮的。

⑤ 封建時代，羣體文化水平較低

過去，由於陸上豪霸、地痞、流氓長期對水上居民的排斥，欺負，甚至搶劫，形成他們經常要東躲西逃，再加上居無定蹤，所以每一代水上兒童少年無法讀書，因之形成這個生活於水上的鬆散的大羣體，文化素質較低。

清初，屈大均曾寫過一首《漁婦》詩，正反映出這種情況：「漁婦雙鬢濕，波潮出沒中。手持葵鯉串，身持蓼花篷。要米量偏誤，爭錢數未工。買魚人莫笑，不與疍家同。」[5] 這首詩一方面描述疍家婦女勞動的艱苦，出沒於波濤中，頭髮盡濕；另一方面又反映出他們文化素質較低，量米固然會量錯數，連出賣魚串時，計數技術也很差。故此屈大均奉勸那些買魚的客人不要見笑，陸上人與水上人在這方面是有差別的。

註釋

1　據《集注分類蘇東坡先生詩》卷八。

2　見楊萬里《誠齋集》卷十六。

3　見顧炎武《天下郡國利病書》卷一百四「廣東八」。

4　見阮修《廣東通志》卷九十二。

5　屈大均《翁山詩外》卷七。

2　南方江海水上居民羣的地理分佈

歷史上被稱為「蜑家」的水上居民，其地理分佈相當遼闊，東起福州閩江口附近，西至貴州省黔東南從江縣邊緣。兩廣珠江水系，廣東東部韓江水系，福建的九龍江、閩江各水系，閩、粵、瓊三省以及廣西自治區等地的濱海水域，幾乎處處都有「蜑家」的蹤跡，

① 福建

水上居民（福建當地稱之為「白水郎」）多聚集在福州水畔 [1]，過去，整條閩江中下游水面，隨處都可以發現他們。[2]

從明朝起，湄州灣惠安縣東部的輞川，是他們匯集區之一。[3] 泉州市晉江下游「筍江」水段以及出海之處，亦有不少「水上人家」。明代王慎中所寫的《遊筍江記》一文，有這樣說：「若夫高帆疾艫，出沒霧濤，風浪相銜，首尾而離離。漁篷釣艇，謳嬉遞發，前唱後和，擊楫空明，魚沉而鳥起。」[4] 當時這些快速地搖着船艫的船工以及「漁篷釣艇」上的漁民，概是水上人家。

在西溪下游樟州一帶水面，亦匯集好些水上居民。[5]

對於福建沿海一帶的疍民，元代詩人貢師泰所作《海歌》有這樣的描寫：「黑面小郎棹三板，載取官人來大船，日正中時先轉柁，一時舉手拜神天。」「碇手在船功最多，一人唱聲百人和，何事淺深偏得記，慣會海上看風波。」[6]

所謂「黑面小郎」，是因為艇家天天在海上強烈陽光下幹活，故顯得面目黝黑。「一人唱聲百人和」乃指船上水手唱的勞動號子。貢師泰這兩首詩，實際上描寫出當年福建濱海地段疍家人生活和勞動情況。

明代後期，福建海防有所謂「漁兵」編制，沿海四十二澳均有「漁兵」[7]，這種漁兵乃由當地水上居民充當。

② 廣東地區

水上居民數目更多，歷來都是這樣。北宋陳師道《後山叢談》卷四裏說：「二廣（按：指廣東、廣西）居山谷間，不隸州縣，謂之瑤人；舟居謂之蜑人；島居謂之黎人。」廣東江河縱橫，海域又這麼廣闊，凡是水域之區，幾乎必有舟楫。陳師道上述這段話，正充分證明

當時廣東一帶蜑民之多。

　　明代有位官員田汝成，亦曾寫過一本名為《炎徼紀聞》的書。這本書第四卷「蠻夷」項裏提及當時廣東蜑人乃靠近水濱居住，以船為家，或搭「水欄」（水上干欄）為屋，以釣魚為業。

　　他們匯聚的地區，主要在東部、中部、西部各地段的濱海水域：東江、韓江、北江、西江的一些水系。

粵東

　　清雍正初年成書的《古今圖書集成》第一千三百四十二卷「潮州府部‧雜錄」裏說：「潮州蜑人有五姓：麥、濮、吳、蘇、何。」「不通土人婚姻，嶺東河海在在有之。」

　　在東部，汕尾港有大量水上居民。[8]韓江水上亦處處可見。

粵中

　　珠江口不少島嶼岸邊有這種居民，像萬山羣島以及香港大嶼山等好些島嶼，他們日間在附近海面撈捕，夜裏便碇泊在島嶼岸邊住宿。1843 年，香港首次人口調查時，全島居民不逾 3650 名，散居於十多個村落，其中便有 2000 名為艇上漁民，佔人口 2／3 左右。

　　深圳市地段，一面負山，三面通海，更是水上居民

居住的好地方。

　　不管在港澳或深圳市、中山市、珠海市、江門市等地方，有好些地點名為蜑家墊、蜑家井、蜑家灣、蜑家山、蜑家墟，足證這一帶在歷史上曾是水上居民長期匯聚之處。[9]

　　沿着珠江口溯江而上，新會區、南海區、番禺區各條江河、涌滘，東莞市的東江幹流及其支流，於 20 世紀三四十年代處處會見有這些捕魚的蜑家艇的蹤跡。顧炎武於《天下郡國利病書》裏曾提及當時廣東的「東莞、增城、新會、香山（即今之中山）以至惠、潮（即惠州、潮州）猶多」。[10]

　　屈大均的《蜑戶》一詩對當年番禺和新會各處水道的蜑民生活和勞動作了具體的描述：「蜑戶紛無數，為生傍水村。食魚多子女，在艇有雞豚。蜑布時能作，漁歌亦未喧。夜來西潦發，等箸滿江門。」[11]詩中所謂「西潦」乃指西江洪水大漲；「等箸」乃漁具的總稱。他還有一首《蕉利村春望》：「望望煙波上，芭蕉滿海天，人家龍眼國，生計荔枝田。日出鶯花裏，雲生雞犬邊。捕魚乘水節，一一放罛船。」[12]這是描述當年東莞市濱臨東江支流的一個鄉村——蕉利村的情況。詩中所謂「捕

魚乘水節，一一放眾船」，意謂乘洪水或潮水湧來時，
水上居民便將艇泛出去，撒大網以捕魚。

　　在廣州市區，傍着珠江的堤岸邊，亦有不少水上人
家在碇泊。明代詩人汪廣洋的《嶺南雜詠》有說：

> 鷹翅城中湧怒濤，外洋水長蜑船高；
> 莫言昨夜南風急，今日登盤有海蠔。[13]

　　當時外洋水漲，又值南風勁吹，潮頭洶湧，撲向
廣州城南門的外城「鷹翅城」，附近的蜑家艇便隨潮水
上漲，高高升起。那時廣州附近還出產海蠔，業蠔的
水上人家（當時被稱為「蠔蜑」）於潮水退後，便於淤
泥裏挖牡蠣，剝蠔上市出售。這首詩寫當時珠江岸畔
風情，相當真實。清代王士正也曾作《廣州竹枝詞》：

> 潮來濠畔接江波，魚藻門邊淨綺羅；
> 兩岸畫欄紅照水，蜑船爭唱木魚歌。[14]

　　這種所謂「木魚歌」，民國中期水上人家仍會唱，
人們稱為「鹹水歌」，其腔調有似今天中山市鄉間所唱
的民謠。從王士正的詩來看，清代不單珠江（廣州江
面）有無數水上居民，連廣州城內東濠、西濠、南濠也

停泊着許多蜑家艇。

　　北江，水上居民多聚集於韶關，於韶關湞水、武水這兩條江的水面上，浮泛着不少蜑家艇。整條北江的江面，處處亦有水上人家的船艇。屈大均所寫的《自胥江上峽至韶陽作》32 首詩，其中第二首說：「胥江沙水淺，取蜆蜑船多，男女無餘粟，生涯是扁螺。（原註：蜆一名扁螺）」第五首說：「江中蕉葉似，小艇賣魚家。蠔蜑雖無女，釵鬟亦有花。蕩槳楊柳浦，曬網鷺鷥沙。白髮多公姥，蕭蕭水一涯。（原註：蜑家人有三種，一曰

1906 年沙基涌的水上人家，右側即沙面

蟧蜑。）」[15]明清年代，三水縣蘆苞前面的一段北江江面，上溯至清遠峽附近，當時被稱為胥江。這一帶水上居民，駕着蜑家艇在江面沙上撈蜆為活。

至於西江水上居民，以三水縣河口鎮和高要縣等地聚集最多。屈大均亦有詩歌記述。如《經高要諸村墟作》組詩第一首說：「高要村落好，一一種芭蕉；半作蜑娘布，全勝鮫室綃。」第二首說：「西截牂江水，人家半捕魚。」第三首說：「一路魚花步，江人取不稀。潮來炎海遠，瘴到鬱州微。」第五首又說：「九江魚種戶，三水蜑家村；艇出多高尾，罾開半硬門。」[16]屈大均還寫過一首《廣利墟》詩：「單日人為市，舟船集水鄉。店開金利仔，祠賽木棉娘。魚賤無人買，柑多任客嚐。酒壚無大小，一一噴花香。」[17]

屈大均這些詩作既提到西江流域的高要縣、三水縣，又提到西江支流南海縣九江鎮的魚種戶。這類魚種戶乃駕着船艇在西江肇慶峽急流處撈捕魚苗（魚種），運回九江鎮出售給「人工養魚」戶。從這些詩作可以窺見這一帶明末清初蜑家人的情況。

從1939年起，幾十年來，筆者曾到過廣西西江和黔東南邊緣屬於珠江水系的江面，都不時會見到蜑家艇。

③ 廣西地段的西江水系

其中以梧州、南寧、柳州三處，最多水上居民匯聚於其間。遠在桂西北三江縣古宜鎮水邊，也有 300 多水上居民在岸畔組合成一個水上村。甚至貴州從江縣邊緣的都柳江下游，亦見有他們零星的艇跡。唯灘江上游、中游，水上居民較稀，那裏由於水淺險灘特多，不易捕魚，只讓駕小竹排的「鸕鷀佬」以鸕鷀捕魚。

④ 廣東西部濱海區以及廣西、海南、北部灣地段

於這一帶水域，廣東陽江市的海陵島，茂名市電白區的博賀鎮，湛江市的東海島、硇洲島均是水上居民的匯集點。廣西合浦縣濱海區亦是一個匯聚點。

宋人秦觀所寫的《海康書事》便提到：「合浦古珠池，一熟胎如山。試問池邊蜑，云今累年閒。」[18]

宋代，潛入深水撈取珠母貝，再在海邊剖貝取珠，由水上居民為之。屈大均《廉州雜詩》十四首，其中第二首說：「海上餘珠市，城中盡竹房，居臨鮫室近，望入象林長。野曠秋無色，江清水有霜。炎州惟此地，風景最荒涼。」第三首說：「城西江水貫，婦女賣魚橋。珠母生明月，鮫人出紫綃。海光千里接，霞氣五黃（山

名）標。何處大廉洞，人傳药草饒。」[19] 屈大均在詩中描述當時廉州府治所在地，城中全是「竹」搭成的干欄，城外既有廣闊的原野，又有山峰，亦有無邊的大海，反照出光亮的海色。城裏有從水上來的婦人在橋畔賣魚，詩裏還把水上居民說成住近鮫人之室。所謂「鮫人」，即傳說中的美人魚，她能在海底的織室裏織出紫色的綢緞，登上陸地後，泣出的眼淚會變成珍珠。

海南島海邊也有不少水上居民，像海口市、文昌市舖前港和清瀾港；此外，瓊海市、陵水縣的濱海地段，三亞市東部的南海管理區，均住有操廣州方言的水上居民。根據這些居民告訴筆者，他們的遠祖分別來自珠江下游的順德區、番禺區和濱海的陽江市等地。

在廣東、廣西不管是濱海地帶還是珠江水系，以及廣東的韓江水系，實際上散佈着無數水上居民。

註釋

1　參閱謝雲聲《福州蜑戶的歌調》，刊於廣州《民俗》第76 期，1929 年 2 月 4 日出版。並參閱翁國樑《福建幾

種特異的民族》，刊於廣州《民俗》第 80 期，1929 年
10 月 2 日版。

2　參閱吳永詹《閩江流域的蜑戶》，刊於南京《新亞細亞》
13 卷第二期，1937 年 2 月版。

3　參閱明人蔡清《惠安縣輞川橋記》所描述的情況。該文
收在《古今圖書集成》卷一千五十二「泉州府部‧藝文
二」。

4　見同上書。

5　參見廣州 1929 年 2 月 4 日出版的《民俗》第 76 期所刊
謝雲聲攝照片《福建漳州之花艇──蛋民生活之一》

6　見清赫玉麟監修《福建通志》卷七十八所錄。

7　參閱明人王家彥《閩省海防議》（見《古今圖書集成》
一千三十二卷「福建總部‧藝文一」）。

8　參閱亦夢《汕尾新港蜑民的婚俗》一文（刊於廣州《民俗》
第 76 期）。

9　見張壽祺、黃新美《珠江口水上先民「蜑家」考》，刊
於《社會科學戰線》1988 年第四期。

10　參閱《天下郡國利病書》卷一百四「廣東八」。

11　見《翁山詩外》卷七。

12　見同上。

13　見阮修《廣東通志》卷九十二「輿地略十」所引。

14　見清同治《番禺縣志》卷六。

15　見《翁山詩外》卷九。

16　見《翁山詩外》卷九。

17　見同上。

18　見秦觀《淮海集》卷六。

19　見屈大均《翁山詩外》卷七。

3 有關蜑家起源的各種說法

世世代代浮泛於南方江海裏的水上居民羣，他們先民究竟是怎樣起源？過去學者對這個問題會有過多種說法。其中最有影響的，有下列三種：

第一種，以羅香林教授為代表。1934 年 1 月，他在中山大學《文史學研究所月刊》發表《唐代蜑族考》，提出「蜑族原即越族遺裔」的說法。當時學術界有不少學者贊同。1955 年 12 月，羅先生於台灣印行的《百越源流與文化》一書中，於 223 — 230 頁「蜑民源流考」中重提此說，重新將之論證。他的論點對海峽兩岸學者研究「蜑民」族別影響較深。

第二種說法，可以西方某些學者為代表。他們主張蜑民的遠祖，乃自印度支那半島或印度尼西亞的海上闖進中國南方和東南沿海各水系的一個大羣體。[1] 此說流行於西方學術界。

第三種說法，可以徐松石教授為代表。20 世紀 30 年代末徐先生在其所著《粵江流域人民史》一書中提出：「蜑實僚僮中水上人的通稱，今兩粵仍有稱蜑人為

水上人或水戶者。川滇僮族稱河爲 Daan，〔唐〕樊綽《蠻書》譯爲睒字。現時僮人呼河 Dah 爲 Da。蜑字、蜑字、睒字乃係同音異譯。」[2] 20 世紀 40 年代中期，徐先生又在其另一部著作《傣族僮族粵族考》一書中提出：「作者從前頗疑蜑字取義於僮人河字的語音，因爲桂西僮人呼河爲馱。近已查明蜑字乃蛇字聲音的異譯。因寫蛇字古文作它，它字音他，後改爲蛇。字典都謂蛇字有兩個音，一乃時遮切音闍，一乃徒河切音駝。蛇亦作虵，徐延旭《越南輯要》謂安南土音呼虵爲大。蜑字音但，與它駝大三音都是蛇字的異譯而已。按而言之，蜑族就是龍蛇族，亦即伏羲女媧的一大支派。[3]

　　除了這三種影響較大的學說之外，新近有些人在研究瑤族羣體時，又提出一種蜑民源出於瑤族的說法。認爲古代瑤族所傳承下來的神話和古歌謠，以及記載於券牒裏的故事都說明了這點。據說古代洪水暴發，瑤民乘船遷徙；過了海洋，船裏有一部分瑤民登上了陸地，也有一部分瑤民仍留在船中，這樣遂變爲南方蜑民。這即是說：蜑家源出於古瑤族，是從瑤族羣體裏的一支演變而成。據說有些人曾把這樣的論點在一些國際瑤民協會學術討論中提出，吸引着好些國際學者注

意。說句實在話，這乃是一種「主觀想像」的說法。

　　現在先討論第一種說法。若說水上先民遠祖與越族先民有血緣上的關係，這可以說得通。若說「蜑民是越族的遺裔」則與實際不符。筆者認為蛋民羣體，今天固然不是一個單一的民族，在歷史上，他們的構成也是複雜的。西漢起已變為一個不是純越族的族羣。[4] 若認為他們是越族的遺裔，歷來，他們與陸上居民不通婚，為什麼他們的體質特徵與當地陸上居民的極為接近？[5] 又為何絕大部分水上居民操廣州方言？儘管歷代封建士大

水上蛋家

夫稱他們為「夷蜑」「蜑蠻」「蜑族」，稱呼是這樣稱呼，他們始終未形成為一個單一的民族。

從古代詩文記述來看，除了把他們與神奇的「鮫人」聯繫在一起，並說他們善辨水色之外，其他還有什麼呢？沒有！其語言、風俗、容貌與珠江三角洲陸上居民相比，並沒有什麼特殊的差別。若說他們是純越族的遺裔，不足信。

第二種說法，認為水上先民是由印度支那半島和印度尼西亞某些民族從海上闖進來而形成。但是，廣東、廣西、海南沿海各地發現不少新石器時代貝丘遺址，這正好證明廣東濱海地段，老早在新石器時代已有不少人羣住在海濱，靠採集和撈捕水生動物為食，這裏絕不是無人居住的地段。若是印度支那半島和印度尼西亞一帶漁民，於新石器時代乘着獨木舟在海上打漁，迷失方向，遭遇風吹，漂流到廣東沿海——就像海南島三亞港羊欄鄉的回民，於宋代從占城（越南南部）一帶被海風吹送而來一樣——若真是那樣，極限不過一小羣，住在一個小地點，絕不會偏佈於福建、廣東、廣西、海南沿海地帶，深入到陸地內江內河各水域，絕不會這樣散處於這般廣闊的地域裏。

從印度尼西亞和印度支那半島海上闖過來此說不足信。

第三種說法，徐松石先生認為蜑族出於僚僮（壯），最後又認為他們是龍蛇族，是古代伏羲、女媧部族的後裔。（按：伏羲、女媧乃古代神話傳說中的人物，究竟有無其人，有無其族系，仍是撲朔迷離，把蜑戶先民附會為其族系的一支，實等於烏有。）

至於第四種作為新起的說法，我更不敢苟同。我認為把蜑民說成源出於瑤族，既違反歷史學、考古學的實際，亦違反古語言學和體質人類學的實際——更甚的，竟違反瑤族本身歷史發展的事實。

就瑤族傳說中十二姓大規模遷徙所縷述的事跡來看，發生遷徙年代，絕不是在原始社會時代，極限乃在中古時代。請看看其傳說、歌謠或牒文所述，時間上最早的不會早於東漢[6]，最晚乃在景定元年（1260 年）。

從湛江市化州和肇慶市懷集縣所發現的東漢獨木舟來看，從廣州漢墓出土的舟船的模型來看，不難理解到瑤族十二姓未遷徙之前，廣東江海水域早已有舟楫，何待瑤族傳說中過海洋時留下一部分瑤民於舟中才發展為水上居民？況且傳說中瑤民祖先所過的海洋究竟

在何處，仍是個未知數。若像瑤族歌謠中所說的：「景定元年洪水發，約整仁兄過海洋，落到廣東韶州府，樂昌城裏起花街。」**7**直到景定元年瑤族十二姓才遷徙過海洋，那時嶺南地區江、河、湖、海上，早已有數不清的水上居民，何待瑤族繁衍成「蜑家」？足證此說不單欠理論，並且欠缺考古和史實作根據。

　　水上先民的起源，若再加追索，還有其他的說法。例如已故的廣西知名學者劉錫蕃（劉介）先生於 20 世紀 30 年代在其所著的《嶺表紀蠻》裏說：「今吾桂三江及黔南一帶，尚有所謂狙族者，狙與蜑同音，是其必在陸為狙，在水為蜑；最先為一族，其後逃竄分離，因而發生字異耳。」**8**

　　按：過去廣西三江縣及黔東南有所謂「狙」，實際是侗族的一支。侗族主羣乃於唐代自梧州遷往桂西北黔東南的一個羣體 **9**，水上居民不可能是從原始侗族於唐代分離出來的一個羣體。

　　總之以上各種各樣的說法，欠堅實的科學根據，很難使人首肯。

註釋

1　參閱 *Polynesian Culture History*, P.72 所引 E.S. Craighill Handy 著作的話（見 Genevieve A. Highland, Roland W.Force 所編的這本 *Polynesian Culture History*, Bishop Museum Press, Honolulu, Hawaii, 1967）。

2　見徐松石《粵江流域人民史》152 頁，中華書局，1939 年版。

3　見徐松石《泰族僮族粵族考》193 頁，中華書局，1946 年版。

4　參閱張壽祺、黃新美《珠江口水上先民「蛋家」考》，刊於《社會科學戰線》1988 年第 1 期。

5　參閱黃新美《珠江口水上居民（蛋家）的體質特徵》，刊於《貴州民族研究》1990 年第 3 期。

6　參閱《廣西瑤族社會歷史調查》第 8 冊《過山榜》，這張榜文末處註明「初平年間」（190 — 193）朝廷發給存照。

7　這首歌謠是筆者於 1944 年夏秋之間，在廣西興安縣調查瑤族文化時蒐集到的。

8　參閱劉錫蕃《嶺表紀蠻》，上海商務印書館，1935 年版。

9　參閱張壽祺、宋長棟《廣州從化縣呂田區「本地人」來源辨》三段，第三節。刊於《廣州研究》1987 年第五期。

4 追索蜑家形成的歷史

根據我個人多年的調查和探索，水上先民（蜑家）的起源是複雜的，其自身的融合形成為一個龐大鬆散的羣體，有其特殊規律。

① 從東江西江流域兩岸以及珠江口所發現的貝丘遺址進行探索

20 世紀 50 年代末、60 年代初，廣東考古學界，分別在增城縣金蘭寺以及東莞市龍江村發現具丘遺址。[1] 珠江口香港地段，於 20 世紀 70 年代亦在南丫島深灣遺址中，發現一個新石器中晚期積累相當多貝殼的文化層。[2]

這些具丘遺址、貝殼文化層，均是原始社會時代住在這些地點的人們，長年累月採集水中軟體動物和魚類為食之後，遺留下來的一大片貝殼堆。

這些貝殼堆裏既有貝殼，又有魚骨，並有作為採集這些水生動物用的石器生產工具以及石質敲砸器。

沿西江流域，亦發現相當多的貝丘遺址。在廣西南

部南寧、扶綏、武鳴、邕寧、橫縣等市縣，沿邕江及其
上游的左江、右江兩岸的台地上，均有這類遺址。[3] 遺
址中亦有石矛、網墜、骨鏃、魚鈎等漁獵工具和大量的
獸骨、魚骨、螺、蚌殼的遺存。[4]

　　西江下游的支流，廣東南海縣地段的九江、西樵、
南莊、羅村、小塘、里水、大瀝、平洲、丹灶等九個地
區也陸續發現屬於新石器時代晚期的貝丘遺址共五十二
處。其中特別是九江區灶崗貝丘遺址，範圍很大；由淡
水腹足類軟體動物蛤、蜬、螺的硬殼堆積成；另外，並
有少量海水生成的蠔（牡蠣）、鮑魚殼。遺址裏並出土
好些石質的敲砸器、尖狀器和骨質魚刺，可用於敲鑿、
挑食貝肉，又可以刺魚。[5]

　　大量的貝丘遺址的發現，正好說明當時這一帶有
眾多的濱水而居，以捕取海產和水生動物為食的零散
羣體。

　　又據廣東佛山市瀾石河宕貝丘遺址和南海縣魷魚崗
新石器晚期遺址所出土的人骨牙齒，以及香港南丫島深
灣遺址所發現的人的牙齒，均呈劉形，可以看出這一帶
原始社會居住着的人羣，乃屬於蒙古人種的南部邊緣類
型的人。[6] 我們再就這些出土的牙齒和人骨，並結合《史

記‧南越尉陀傳》《淮南子‧原道訓》一些古文獻來看，這些人乃是百越民族的一個支羣。

這一支濱水而居以撈捕水產為食的人羣，零散的分佈於東江、西江岸邊以及南方濱海地帶。這便是構成廣東、廣西水上先民最早的居民羣。同樣的福建濱海區和閩江流域以及廣東韓江岸畔，亦有好些濱水而居、以撈捕水產為活的零散羣體，他們也同樣是構成當地水上居民最早的人羣。

② 就古典文獻所記進行探索

古代的嶺南地貌，正如《淮南子‧原道訓》所謂：「陸事寡，而水事眾。」嶺南乃江河縱橫的水網之區，秦漢時期，生活在這個地帶的人所作的裝束，亦如《淮南子‧原道訓》所說的「短綣不綺，以便涉游；短袂攘捲，以便刺舟」。上衣和下裳是短湊的。褲子短乃在於方便涉水，上衣的衣袖撩起，乃方便於刺舟。這種形象，實際是水上居民（蜑家）最早族羣的形象。他們無可置疑地源出於百越系統。

秦始皇征百越，許多越族成員逃入叢薄（江河岸畔以及丘陵地段的蘆葦茅草叢）而不願成為秦軍的俘虜。

這樣，他們會剌舟浮泛於江河，樓遲於水上，這便擴大了水上居民族羣。

秦二世元年（前 209 年），中原地區羣雄並起，趙佗以「南海郡」為基地進行割據，並大殺秦朝留在郡裏大批長吏中的異己分子。這些秦的長吏肯定是南來的中原人，趙佗大誅異己時，南海郡各地一些當官或當助手的（非趙佗黨羽的），本人和家人及其部屬為着逃命，也必有逃進江海之中，滲入蜑民先民羣體裏的。這樣，蜑民羣體便開始混有漢族成員。

西漢武帝時期，南越呂嘉謀反，以暴力殺王太后，殺漢使。這時秦朝所留下的南來的中原人後代，避亂部分逃亡於江海中，混入蜑民的先民羣體裏。

西漢武帝元鼎六年（前 111 年），漢朝大軍征討呂嘉集團，進逼番禺，呂嘉與南越王建德率其屬下數百人趁夜裏乘船西逃。當時漢廷南征大軍遣兵追之，將呂嘉和建德擒獲，其所屬的部下，不可能會被漢軍完全俘虜或斬殺，總會有一部分人散入江海中逃命，這樣又會混入蜑民的先民羣體中。

東漢末年以及三國時期，建安十五年（210 年）孫吳集團所任命的交州刺史步騭，在嶺南地段統兵進取

「南海」，當時衡毅和錢博等領兵抗拒，戰於高要縣西江的羚羊峽峽口，衡毅、錢博軍大敗，投水死者千餘人。[7] 延康元年（220 年），吳國又派呂岱到番禺接替步騭為交州刺史。呂岱接任以後，首先接受高涼主腦人物錢博請降，接着發兵鎮壓鬱林郡土人的起義，並征討隸屬於桂陽郡的湞陽地區（相當於今天廣東曲江、英德一帶）。王金擁兵對抗，呂岱將之舉敗。[8] 這一連串的戰爭，當年嶺南地區好些殘兵敗將，為着逃命，總會有一部分人散入江河裏，變成江河上蜑民羣裏的成員。

西晉太康元年（287 年）十一月，當時的廣州高興郡海安縣（相當於廣東今天雷州半島一帶）[9] 縣令蕭輔聚眾反晉。[10] 當時因動亂而出現的戰爭，不會不導致該地一些人避難逃到海上，成為水上居民。

東晉末期，義熙六年（410 年），盧循率軍到番禺。次年，盧循被劉裕屬下的孫處、沈田子打得大敗，遂退到合浦、交州之間，最後在交州敗沒。[11] 當年盧循敗退之時，很可能有部分下屬逃入珠江口蜑民羣裏求生，否則，珠江口何來長期流傳着盧循、盧亭的傳說？傳說是這樣說的：

萬山羣島之南，有南亭、竹沒山，周圍數十里內，有一種人名為盧亭，相傳是盧循之後。這種人能入水捕魚，並能夠將之生食，人們以棕葉、竹籜為上衣。[12]

這儘管是傳說，唯它長期在珠江口流傳不絕，正反映出當年會有部分盧循的部下混跡於當時的疍民羣裏。

南北朝期間，梁朝大同八年（542 年）十二月，當時嶺南地區有一批大小軍閥盧子略、盧子烈、杜天合、杜會明、周文育等，合兵進攻廣州。西江督護高要太守陳霸先率師援救。這場戰爭亦相當劇烈，陳霸先將盧子略軍打敗，並殺杜天合，擒周文育、杜會明等。兵燹之下，當地人因逃避戰亂，總會有一些人逃入江河以避難。[13]

南朝陳時，太建元年（569 年）九月，廣州刺史歐陽紇聚兵反陳。十月，陳朝任命車騎將軍章昭達討歐陽紇。次年，高涼冼夫人領兵在陽春一帶自守，抗拒

陳朝開國君主陳霸先

歐陽紇的擴張，並聯繫章昭達軍對歐陽紇進行南北夾擊。這時章昭達所指揮的水軍沿北江直下，在洭口（相當於今天廣東英德市連江口）與歐陽紇軍發生遭遇戰，擊潰歐陽紇大軍，並生擒歐陽紇。[14] 這些事件，不會不造成一些民眾以及一些殘兵敗卒逃入江中水上居民羣中。

　　南宋祥興二年（1279 年），宋帝趙昺、張世傑、陸秀夫所統率的水軍、戰船千餘艘，在新會縣厓山海面列成陣勢，與元將張宏範決戰。這一仗，宋師被擊潰，陸秀夫負宋帝趙昺投水自盡，張世傑率領少數舟師衝出重圍，至陽江縣海陵島投水而死。留在厓山的八百艘戰船，盡成張宏範的俘虜。[15] 這些被俘的南宋水軍，以及逃至海陵島的宋師，不可能沒有一些人堅持氣節，決不投降，從而散入海濱和江河各處，成為當時「蜑民」羣體成員。

　　到了 17 世紀，清初順治七年（1650 年），清朝屬下的尚可喜、耿仲明所統率的大軍包圍廣州城達九個月，最後攻破廣州西城而入。南明統帥杜永和帶領部隊，從廣州城南門水路逃遁，「大小船隻千餘，一時奔竄出海」。[16] 這些逃遁的船隊，朝珠江口駛去，其中亦

可能會有部分船隻和成員散入當時珠江口各處的蜑民匯聚地方，成為浮家泛宅之民。

南方歷史上曾經有過不少動亂，由於動亂，必然會使到陸上各種人羣為着避亂，為着逃命，陸續滲入蜑民羣體裏。另外，南方濱海地帶，陸上有好些缺地、少地的人，在陸上生活不下去便會流進河海裏謀生而成蜑民。

「蜑民」這樣一個龐大而鬆散的人羣，不是一個單一的民族，它的起源雖與古越族有關，但實際上乃複合了南方歷代各種流散入江海裏的人羣，逐步演變而成。若只說蜑民是越族的後裔，這與事實有極大的出入。

我個人認為，唐宋年代，水上居民經已構成一個極大的鬆散羣體。到了元代，元朝把全國人分為四個等級：蒙古人、色目人（指塞外各族人士）、漢人（指首先被征服的黃河流域的漢人）、南人（長江流域以及長江流域以南的漢人）。在這樣嚴重的種族壓迫下，在達魯花赤監視下，水上居民必與陸上居民相互聯繫在一起。故此，我個人認為最遲於元代，水上居民已構成為南方漢族不可分的一個支羣。

註釋

1　參閱莫稚《廣東考古調查發掘的新收穫》，刊於《考古》1961 年第 12 期。

2　參閱香港考古學會專刊第三本《南丫島深灣——考古遺址調查報告》265 頁，1978 年版。

3　參閱廣西壯族自治區文物考古訓辣班，廣西壯族自治區文物工作隊《廣西南寧地區新石器時代貝丘遺址》（見《考古》1975 年第 5 期）。

4　參閱同上一文。

5　參閱廣東省博物館《廣東省南海縣灶崗貝丘遺址發掘簡報》，刊於《考古》1984 年第三期。

6　參閱韓康信、潘其鳳《廣東佛山河宕新石器時代晚期墓葬人骨》，刊於《人類學學報》創刊號（一卷一期），1982 年 3 月版。並參閱黃新美、劉建安《廣東南海縣魷魚崗新石器時代晚期墓葬人骨》，刊於中國科學院《人類學學報》第七卷二期，1988 年 5 月版。張壽祺、黃新美《珠江口水上先民「蜑家」考》，刊於《社會科學戰線》1988 年第四期。

7　參閱〔唐〕李吉甫《元和郡縣圖志》卷三十四「嶺南道·一」。

8　呂岱作戰情況，主要參閱《三國志·吳志·呂岱傳》。

9　參閱《晉書》卷十五「地理志下」。

10　參閱《晉書》卷三「武帝紀」。

11　有關盧循事跡，主要參閱《資治通鑒》「晉紀」三十七、三十八。

12　參閱光緒《廣州府志》卷十一「輿地略三」。

13　參閱《資治通鑒》卷一百五十八「梁紀」十四。

14　參閱《資治通鑒》卷一百七十「陳紀」四。

15　參閱《宋史紀事本末》卷一百八「二王之立」。

16　見《平南王尚可喜等題副》，刊於《明清史料》丙編八本，上海商務印書館，1936 年版。

5 水上居民的體質特徵

20世紀80年代以前,研究水上居民的學者,從未作過「體質人類學」這方面的調查研究。

自1985年至1988年,這四年時間我們得到以楊振寧教授為主席的「中山大學高等學術研究中心基金會」資助,組成一個研究小組,長期遊動於珠江口,由體質人類學家黃新美教授規劃和主持,筆者並參與其事,進行「體質」這方面的調查研究。

幾年來,我們在珠江下游番禺區蓮花山與東莞市虎門鎮,以及珠江出口之一——磨刀門附近,進行活體測量和觀察,了解到水上居民的體質有以下好些特點:

膚色　皮膚是黃褐色,比陸上務農居民黃褐色深度顯得更深,這是由於其本身既是蒙古利亞種屬,另一方面又世世代代生活於水上,在強烈的陽光照射以及水面陽光反射底下幹活而形成的。

毛髮　頭髮是黑直的,絕大部分僅有一髮旋,處於頭頂左方順時針方向迴旋。鬍鬚較少。胸膛未發現有毛。

面形　一般均是卵圓或倒卵圓形。面部中等扁平。

顴骨的突度為中等。眼裂開度中等大小。眼瞼內側概有蒙古皺褶。

鼻部　鼻根的根部以扁平的或中等高起的居多，鼻尖上翹向前，鼻孔的形狀呈三角形和卵圓形的居多。

額部　男性的大多數呈傾斜形，女性的多見前突呈直形。

頦部　男女突度，大多數呈直形。

齒形　上門齒概呈剷形。

這是我們在珠江口長期進行外形觀察所得的秸果。這樣的膚色、髮式、髮形、鼻形、眼形以及他們眼瞼內所具的蒙古褶，上門齒呈剷形諸特徵，是屬於蒙古利亞人種的華南形的種屬已無疑義。

我們會將以上諸特點，跟這裏水上居民匯聚點附近沙田區（於沖積灘塗上圍墾而成的田園）的陸居農民相比較，各方面亦極為相似。

根據測量八百多個活體得出的統計數字來看：

頭形　以中頭形居多。

面形　以中面形和狹面形為主。

鼻形　以中形和狹鼻形居多。

腿形　以中亞長腿形為主。

身高 成人（22 歲—60 歲）男性，平均為 163 厘米，成人女性 153 厘米。屬於亞中等類型。（按：廣州現代人身高平均統計數字乃屬於中等類型。）

就以上的體質特徵來看，這是非常接近廣東珠江三角洲漢族居民的體質特徵。從體質人類學角度來看，水上居民不是一個特別的民族，乃是南方漢族的一個支羣。

這個支羣最早的先民，大約於三千年前的新石器晚期，已存在於珠江岸畔。

1972 至 1976 年，香港一些考古工作者在香港南丫島深灣新石器遺址發現有人骨和牙齒，其門齒乃呈箕形。[1] 香港學術界稱之為「箕形」，即是我們內地人類

水上人家

學界、考古學界稱之為「剷形」。[2]1978 年，廣東省博物館考古隊在廣州市附近佛山瀾石「河宕新石器時代晚期貝丘遺址」發掘了 70 餘座墓葬，遺址的年代距今 4000 年左右。這些墓葬出土有人骨和牙齒，其上門齒亦為剷形。20 世紀 80 年代中期黃新美教授的《廣東南海縣魷魚崗新石器時代晚期墓葬人骨》[3] 一文提到當時魷魚崗人類的上門齒也是剷形。

　　發千年前，不管是住在香港南丫島的先民，還是廣東佛山河宕新石器時代晚期的人，或南海縣魷魚崗新石器晚期的人，他們同是採集水產動物為食，其體質特徵上門齒概為剷形。這正好說明這些居於海濱和江濱的遠古人類，乃今天水上居民最早的先祖。

　　嶺南水上居民的羣體，是土生土長的，不是自海洋彼岸闖來的。

註釋

1　參閱香港考古學會專刊第三本《南丫島深灣——考古遺址調查報告》，香港 1978 年版。

2　參閱韓康信、潘其鳳《廣東佛山河宕新石器時代晚期基葬人骨》，刊於中國科學院《人類學學報》創刊號，1982 年 8 月版。

3　黃新美等《廣東南海縣魷魚崗新石器時代晚期基葬人骨》，刊於中國科學院《人類學學報》第七卷二期。

6 水上居民的語言

　　水上居民在地理上分佈是這麼遼闊，他們的語言亦因地而有差異。

① 福建地段

　　在閩江口的，以福州話為其語言，福州近海地段也是這樣。在泉州廈門沿海一帶水上居民則講閩南話。

② 廣東地段

　　潮汕和汕尾一帶，水上居民登岸與陸上人交往時則操潮汕方言，在其匯聚點內部則通用廣州方言。僅有少數人在內部才操潮汕方言。惠東和惠陽濱海區的水上居民語言與陸居的漢人語言有明顯的差別。這一帶陸上居民以講客家方言為主，水上居民則講廣州方言，其與陸上居民交往則操客家話。珠江口直至廣州所有水上居民概以廣州方言為其通用語。

　　東江流域的「蜑家艇」在增城區、東莞市、惠州市以至河源市水面的，概操廣州方言。唯這種方言已不是純廣

州話，已有些變異，是屬於廣州話系統的次方言——增城話、東莞話，以及類似於東莞話變異性方言。

北江流域從三水區直上韶關，於武水、湞水以及北江水面，所有的疍家艇亦操廣州話。

西江流域的水上居民，均說廣州話。

廣東西部沿海地段以至北部灣（過去曾稱之為東京灣），所有水上居民概講廣州話，不講當地的方言。

在海南省，海口市、文昌市以至極南的三亞市，海南東部濱海區的水上居民，亦以廣州話為其羣內的通用語言，不講「海南話」。至於三亞市西面羊欄鄉的信奉伊斯蘭教的漁民，以馬來語族的「占語」語支方言為其通用語言；這些人乃於宋、元年間（十二三世紀）自越南南部漂來海南，他們是穆斯林，不屬於疍家的後代，故此與疍家語言大有差別。

水上居民羣

③ 廣西地段

北部灣的合浦和欽州濱海地段，水上居民亦是以廣州話為通用語。

西江水系廣西段鬱江、潯江、邕江水上居民匯集於南寧市、橫縣、貴縣、桂平、平南、藤縣以及梧州市市區濱江地段，他們概操廣州方言。桂江流域（上游為灕江，中游才稱為桂江，下游為撫河）的水上居民多匯聚於中、下游，即桂江段和撫河段的水面上，他們亦操廣州方言。

柳江流域，匯聚於柳州城的，其內部亦操廣州方言，與陸上人交往則操桂林普通話。柳江之上的融江上游亦有水上人家，聚集在三江縣古宜鎮江邊有三四百人，有的以蜑家艇為家，有的搭「水棚」而居，他們則操「六甲話」。（按：六甲話乃漢語的一種方言，既別於普通話，亦與廣州話不同。）

總的來看，嶺南的水上人家，以操廣州方言為主，但音調上，不同的地段有不同的變異性。例如在廣州市近郊河面的水上居民對「新郎」「新娘」這兩個詞讀音是一樣的：「郎」「娘」同讀為「狼」音。本來在廣州話中「郎」與「娘」有別，可是廣州東郊黃埔區以至番禺水上居民，「郎」與「狼」的發音無差別，只在「新郎」

之後加上「哥」字稱為「新郎哥」以示區分。這一帶水
上居民對「腳」與「角」讀音亦無分別，與廣州市陸上
方言之「腳」「角」讀音不同有所差別。

珠江三角洲地段河道縱橫，對水上居民來說，羣
體內部交往本極方便，可是各縣市之間，雖同操廣州方
言，但他們各自的廣州話亦有差別。在東莞市地段其所
操的廣州方言，依從當地的東莞腔調和詞彙。在番禺蓮
花山的，乃依從番禺市橋腔和詞彙。在順德容奇、桂洲
水面的，則為容奇腔、容奇詞彙。在中山市的亦是依從
當地石岐腔調。總之各有差別。

在廣西梧州市水面的水上居民，其所操的廣州方言
亦與廣州市人們所操的廣州話有分別，例如「沒有柴」
「沒有米」「沒有飯吃」這幾句話，若按廣州市方言會說
成「無柴」「無米」「無飯食」，梧州市水上居民則說成
「母有柴」「母有米」「母有飯食」，詞彙上有差別。

海南省東部濱海區水上居民所操的廣州話，腔調上
咬音有些變異。西部海岸水上居民既能操廣州話亦能操
儋州話（一種與海南漢語略有差別的方言）。

總的來說，在嶺南兩廣地區的水上居民，絕大部分
說的是廣州方言。福建沿海的則分別說福州話和閩南話。

7 「疍家」名稱的原意

「疍家」這個名稱的原意，過去，學者有過各種各樣的詮釋。

第一種，認為「疍家」乃艇家的轉音，這可以許予一先生於 1928 年在上海所發表的《疍家考》一文為代表。許先生提出：「考疍家亦稱艇家。艇者亦為《說文·新附》字之一，小舟也，從舟，廷聲。徐鉉音徒鼎切，諸如 Ting。今粵讀為 Tang，蓋古音之遺也。「總之艇家、疍家皆舟家之譌，而舟乃疍之轉，疍乃艇之轉也。」[1]

筆者按：《說文·新附》中，宋人徐鉉將「艇」字標為「徒鼎切」，將「蜑」字標作「徒旱切」。「鼎」屬於迴韻，「旱」屬於翰韻。「艇」家的「艇」，依照漢語切音辦法，很難將之切成「蜑」（疍）音。

第二種，以劉錫藩（劉介）先生所說為代表。他於 1935 年提出：蜑即狙；廣西三江縣以及黔南一帶所居的狙族很早分出來一支到水上，是為疍。[2]

按：居於桂北、黔東南、湘西南相連的一大片地方，有一個民族名為侗族，這個民族乃由他們自己三大

支系構成：一支稱為「老侗」，一支稱為「皎侗」，另一支為「旦侗」。**3** 劉先生所謂「狚」不過是「旦侗」。劉先生畢生研究廣西各少數民族，作出很大的貢獻，深受我國學者敬佩；唯於 20 世紀 30 年代，就文字表面讀音，將「蜑」與「狚」說成原為一族，實欠科學根據。

　　第三種，可以上引徐松石先生的論述為代表。徐先生認為「川滇僮族稱河為 Daan；［唐］樊綽《蠻書》譯為賧字。現時廣西僮人則呼河為 Dah 為 Da。蜑字、蜑字、賧字乃係同音異譯，古時亦有用但字的。」**4**

　　這種說法亦難使人首肯。歷史上的「蜑家」不只散佈於嶺南江河，並且散佈於我國南方和東南濱海沿岸和島嶼裏。再從其起源來看，他們不像單獨的出自廣西。他們極遠的先祖，實出自嶺南以及福建各條江河、沿海岸畔、島嶼，濱水而居，靠撈捕水產為活，或駕着獨木舟捕魚的那些古越人人羣。以後，歷代有不少漢人滲入其中，逐漸發展而成，不能說單獨出自廣西境。若謂「蜑」乃出廣西僮語 Da，川滇僮族稱河為 Daan 而來，亦不妥。按：廣西僮（壯）語稱「河」為 Ta^8，雲南文山州僮（壯）族「文麻土語」對於「河」卻稱為 do^6。**5**衡之於今天各地僮（壯）族語音，謂「蜑家」名稱出僮

語「河」，實難對上號。

第四種，可以羅香林先生為代表。他認為「蜑」原意是「人」。[6] 羅先生一向主張「蜑」是越族的遺裔。按：今天南方各民族中，屬於「壯侗語族」體系的民族，其先祖乃與古百越族有關，這是學術界所公認的事實。壯族稱人為 pou[4]，侗族稱人為 nan[2]，傣族稱人為 kun[2] 或 kon[2]，布依族稱人寫 vuun[2]。[7] 這些發音與「蜑」字讀音都有很大差別。故此羅先生這種論斷，亦難以服人。

我覺得要探明「蜑家」名稱原意，首先宜弄清嶺南各地現存的對「蜑家」這個稱謂的發音，再進行深入追索，會有所獲。

現先觀察廣州市的。廣州市區人們口語上呼「水上居民」為 Dan[6]ga[1]（粵語「蜑家」）；可是廣州市屬的番禺縣瀕臨水濱的鄉村的人，將之呼為 Deng[6]ga[1]（類似粵語語音「鄧家」）；市屬增城縣的人們，又將之呼為 Ding[6]ga[1]（類似粵語所說的「定家」）。

在珠江口東莞市、中山市、珠海市這一大片地段以及北江上游的武江流域，人們口語上稱「水上人家」為 Ding[6]ga[1]（類似於粵語語音「定家」），不將之呼為 Dan[6]ga[1]（粵音「蜑家」），也不將之呼為 Deng[6]ga[1]（粵

音「鄧家」）。

　　西江流域廣西地段，邕寧、梧州以至廣東封開、肇慶等地和南海縣鄉間的人們，將「蜑家」概呼為 Deng⁶ga¹（粵音「鄧家」）。

　　濱臨「南海」海岸的陽江縣、陽春縣，鄰接北部灣水濱的廣西防城縣，這一帶地方亦將水上居民呼為 Deng⁶ga¹（粵音「鄧家」）。

　　將嶺南各地口語上對「水上人家」的稱謂羅列出來，一經比較，很明顯，只有廣州市市區的人，在口語上才呼之為 Dan⁶ga¹（粵音「蜑家」），其他地方則不是這樣。

　　若用紙筆將單一的「蜑」字寫在紙上，在粵語方言區，不論在什麼地方，人們看見概讀為「Dan⁶」（旦）音。若是在書面上寫上「蜑家」這兩字，人們亦將之讀為「Dan⁶ga¹」（旦家），不會讀成「鄧家」或「定家」。嶺南粵語方言區的人對這個詞，文字上讀音與民間口語上稱謂有極大差別。

　　按：「口語稱謂」一般均先於「書寫稱謂」而存於社會裏。以後，在整個相同文化的地片，亦有個別地方由於受外來文化影響特別強，首先發生變化，口語稱謂依從於外部傳來文字讀音的影響而改觀。這是經常可以

看到的事實。

　　相當於今天的廣東廣西這一大片地段，在先秦時代，原是百越族系南越族羣和甌駱族羣生聚之處。當時的土著民族均操原始的百越語音。從秦始皇三十三年（前 214 年）起，大批中原漢人南來定居，中原漢族的口語和書面語言才開始向嶺南地區傳播。在廣東地段來說，由於大量南來的漢人與南越土著居民雜處，在中原口語與書面語傳播的影響下，廣東地段的土著語言便發生變化，大約經過相當長的一段時間，約在唐代或唐代以前便形成漢語系統的粵音方言。這種粵方言，不單由中原漢語直接「移植」，還受原有地區性「南方土著語言」的重大影響[8]，存留着許多原有的語音和詞彙。

　　今天的廣州市區於古代乃古「番禺」所在地。從西漢時期起（前 206 年至公元 8 年），古「番禺」已成為南方一都會[9]，在歷史上，它與中原文化和語言（不論書面語或口頭語）的交流必然比嶺南其他地方更為頻繁，因而吸收中原書面語和口語比嶺南其他地方為更多。廣州一地於古代人們在漢字讀音或語言發音上，亦必然比嶺南其他地方會更快接近當時的中原音。現以廣州市區的人對「蜑家」的「蜑」字讀音來考察，口語上

呼之為「旦」，這是比嶺南粵語方言區其他地方，更類似於中原語音。

　　嶺南好些地方對「蜑家」一名呼之為 Ding⁶ga¹（粵音「定家」），亦有不少地方呼之為 Deng⁶ga¹（粵音「鄧家」），這個 Ding⁶ 或 Deng⁶，我個人認為乃傳承於古南越音而來，起碼受到古南越語音較深的影響。為着充分說明這個論斷，讓我在這裏舉出一些事實。

　　古「南越」語與古「甌、駱」語，原同屬於「古越語」語族兩個極為相近的語支，它們之間有着相近的親緣關係。這一點，過去好些學者作過探索，並得到學術界的承認。古甌駱語（古僮〔壯〕語）會保存有一種古方塊字，也即是現在所稱的「古僮（壯）族方塊字」。這種方塊字於唐代經已存在，已有千多年歷史，這種字的結構，有許多「字」以兩個漢字作符號合成。有的左邊作為形符，右邊作為聲符。[10]

　　這種古僮（壯）族方塊字，有一個舿字；這個字乃指「小船」（現呼為 teng⁴²）；字從舟，音「丁」。[11]

　　廣西僮（壯）語今天呼小船為 teng⁴²，這正與廣東、廣西不少地方口語上呼「蜑家」的「蜑」為 Deng⁶（粵音「鄧」）相似。僮（壯）族古代呼「小船」為「丁」

（有其古方塊字所標的聲符為證），這又與廣東東莞市、中山市、珠海市以及粵北武江流域呼「疍家」的「疍」為 Ding[6]（粵音「定」）接近。不管是「丁」音（Ding[1]）也好，或 Teng[42] 音也好，這兩個音相互之間亦接近，它們肯定有其自身悠久的傳承。

　　基於這古僮（壯）族方塊字舡體現的情況以及壯語語音情況，再把古文獻結合在一起考察，我個人認為古文獻以「蜑」字來稱南方這些駕小船的人羣，乃是就古越語稱小船為舡（丁音）或就僮（壯）語 teng[42] 之音（相近於粵語方言「鄧」音），以「蜑」這個字對這個名稱進行音譯而成。

　　這裏有必要進一步說明，古文獻為什麼不直接以「鄧」或「定」或其他字進行音譯，卻偏偏以「蜑」字稱之？（按：以「蜑」字來專指南方「水上先民」起自唐宋年代。）

　　唐代柳宗元所寫的《嶺南節度饗軍堂記》一文有說：「胡夷蜑蠻，睢盱就列者，千人以上。」[12] 句中所謂「蜑」就是指當時嶺南的水上先民「疍家」。

　　宋人所作的《說文·新附》有說：「蜑，南方夷也。」說得更明顯不過了。

　　宋蘇東坡在惠州時會寫過一首詩《追餞正輔表兄至博羅賦詩為別》有說：「孤臣南遊墮黃管，君亦何事來收蠻，艤舟蜑言龍岡窟，置酒椰葉桃榔間……」[13]

　　蘇東坡的兒子蘇過隨其父到海南島儋州居住時，亦寫過一首描述當地風情的詩，提到「海蜑羞蚶蛤，園奴饋韮菘，檳榔代茗飲，吉貝禦寒風。」[14]

　　詩中所謂「蜑戶」「海蜑」，分別指當時東江的水上居民和海南島西部海岸的水上居民。

　　這些資料足以證明唐宋年代已用「蜑」字來專稱南方棲遲於江海上的人羣。

　　在唐宋以前，本來早已有「蜑」這個名詞。晉代常

蜑家艇

璩《華陽國志》卷一「巴志」中說：巴地「其屬有濮、賨、苴、共、奴、儴、夷、蜒之蠻」。說到「巴東郡」時，稱那裏有「奴、儴、夷、蜒之民」。說到巴地的「涪陵郡」又稱：「土地，山險水灘，人戀勇，多儴，蜒之民。」

按：常璩所說的「蜒」，乃指散佈於巴地（相當於今天四川南部以及川、滇、黔接壤地段），屬於濮系的一些族羣而言，絕不包括當時處於嶺南江海水上，其遠祖與越族先民有關的「疍民」羣體。《南史》卷五十（列傳四十）「明僧紹傳」裏敍述僧紹的兒子慧照於「建元元年（479）為巴州刺史，綏懷蠻蜒。」（古文獻中，蜒、蜒兩字常通用。）便是一個證據。

我國歷史上封建士大夫著書、作詩、為文，好因襲前人舊詞、舊語；以古代嶺南越族方言稱小船（艇）為舠（「丁」聲）[15]，其音與「蜒」（蜒）（疍）字音相近；封建士大夫傳統觀念「南方曰蠻」，蠻字從蟲，「閩越」的閩字亦從蟲，因之對這些南方水上居民羣，亦以一個結構上從蟲的文字，賦予他們以專稱。在這樣情況下，唐、宋好些文人遂把常璩用以說明濮系族羣裏的一個支羣「蜒」（名稱），搬過來稱南方江海裏以小船或艇進行

作業，棲遲於水上的羣體為蜑。從此代代相因，這樣，遂使後來研究者，把古代巴地的蜑（蜓）與古嶺南江海裏的「蜑」混淆為一，糾纏不清。其實古代「巴」地的「蜓」（蜑）屬於「濮」係族羣裏一個支羣，嶺南的「蜑」別屬於另一系，其羣體形成固然互不相關，在族系上、源流上亦不相同。

　　「蜑家」「蜑」的名稱由來乃是這樣；至於「家」字原意及其來源又是怎樣的？

　　「家」這個詞，在嶺南歷史，原意乃指「人羣」而言。例如：古代嶺南土著漢人，對於唐宋年代從中原地段遷來的漢族人民羣體呼之為「客家」。對於某些宗族住地，常自號為某家或被呼為某家。例如從東莞市莞城鎮到虎門的公路，路旁有一座村莊名為「翟家村」，亦有人稱之為「周家村」；這座村莊原來住有姓翟的和姓周的兩大宗族羣，遂有兩個「家」的名稱。此外，東莞市地名中還有袁家涌、黃家山等地名，原意乃指這條涌、這座山，過去分別屬於袁姓、黃姓宗族羣的。在湛江市麻章區有些村落名為「城家」「謝家」「郭家」「李家」「馮家塘」。在廣東遂溪縣有些村落名為「萬家」「洪家」。在雷州半島海康縣亦有些村落名為「羅家」「北家」

「曹家」,足資證明。

粵語呼某一人羣為「家」,這個詞可能是由中原傳播過來的。例如今天湖南省北部安化一帶亦有好些村莊名為某家某家。這個「家」字,湖南土音與粵語方言發音極為接近。嶺南地區以「家」一詞作為指某些人羣,可能在歷史上自中原通過湖南地區傳播過來從而借用。這個詞從語音方面來看,不似出於古南越音;粵語方言稱「人羣」為「家」〔ga^1〕,廣西僮(壯)語稱「人羣」為〔$kjong^{35}$〕,古僮(壯)族方塊字寫成巽。[16] ga^1 與 $kjong^{35}$ 相比,一個是 g 音,一個是 k 音,兩者只有送氣與不送氣的小小差別;但是謂母不同。足證這個 $kjong^{35}$(家)詞,不是傳承於古越語。

就以上的一系列辨別和考證可見:於粵語方言區,廣州市市區的人們稱的 Dan^6ga^1(粵音「疍家」);珠江口以及兩廣地段,有呼之為 $Ding^6ga^1$(粵音「定家」),有呼之為 $Deng^6ga^1$(粵音「鄧家」),其原意乃指以小船或艇進行作業並棲遲於水上的人羣而言。這個名稱的來源,前一個音是傳承於古南越語,在歷史上由封建士大夫以漢字進行音譯成為「蜑」(疍),意指乘小船之謂;後一個音(家)是古漢語借詞,指人羣而言。兩者結合

遂成為「蜑家」這個名稱。「蜑家」一名原意，不含貶義。

註釋

1 所引見 1928 年《貢献》（旬刊）第四卷第六期《蜑家考》一文所說。

2 參閱劉錫蕃《嶺表紀蠻》，上海商務印書館，1935 年版。

3 參閱吳世華（侗族）《侗族原始支系初探》，刊於《貴州民族研究》1988 年第二期。

4 見徐松石《粵江流域人民史》152 頁，中華書局：1939 年版。

5 這些語音資料分別見於韋慶穩、覃國生《壯語簡志》103 頁、94 頁，民族出版社，1980 年版。

6 見羅香林《百越源流與文化》230 — 237 頁，「蜑一名詞之新的解釋」，台北編譯館，中華編審委員會，1978 年，增補再版本。

7 參閱下列諸書：
韋慶穩、覃國生《壯語簡志》一頁，民族出版社，1980 年版。
喻翠容《布依語簡志》九十頁，民族出版社，1980 年版。
中央民族學院少數民族語言研究所第五研究室編《壯侗

上艇篷、雙槳、漁網、炊具、雜物搬上岸邊「干欄」住處。然後用人力將艇扛上岸邊。先用淡水將之洗刷乾淨，晾乾後，再用禾草或乾竹枝紮成火把，將艇的各部位煙熏一遍，然後檢查全艇破漏之處。若發現艇身有霉爛的地方，則將爛木塊鑿掉，鑲補上新的木塊，並看整個艇身裂隙地方桐油灰泥有無脫落或鬆散。有鬆散或脫落之處，則將舊的除掉，再塞上籐絲或竹絲，用木工具將之鎚打塞緊，再塗上「桐油灰」。待乾，然後將全艇重新塗上一層層均勻的桐油作為保養。待十幾二十天以後，所塗的桐油完全乾涸，這艘艇便可以下水備用。

桐油，是水上居民造船修艇所不可缺的重要材料之一。

明清年代，社會上把當時水上居民分為三種：「入海取魚者名魚蜑，取蠔者名蠔蜑，取材者名木蜑」。[1]「魚蜑」一般以打魚的為多。至於所謂「木蜑」就是這些製造蜑家船艇的專業戶。「蠔蜑」是濱海養蠔和取蠔的人。

目前，在廣州附近和珠江口的港灣，以至香港，有許多蜑家艇被拿來充當來往於停泊在江海中的大汽船和陸地之間的交通艇，或用以載人客渡江之用，也有作為

販賣日用品或副食品的流動性「小販艇」。今天以這樣的艇而專事打漁的，雖有一部分，但是已為數不多了。

註釋

1　見阮元修《廣東通志》卷三百三十「列傳六十三・疍人」所引《咸賓錄》。

2 大型漁船的使用

本來，在珠江水面，早於 16 世紀末 17 世紀前期
（明代晚期），一些水上居民已使用大型木殼漁船，進
行近海的深水作業。這種生產，收穫量大，捕撈歸來，
水產必然作為商品，大量推向市場。從這一點來看，可
以看出 17 世紀前期，珠江水上居民有些已走向大規模
生產的道路。

但由於當時社會封建意識的束縛，更由於 17 世紀
中期清皇廷進行殘酷的「遷海」大屠殺，以及政治上動
亂原因，再加上長期的海盜劫掠，遂使珠江流域水面和
濱海地區打魚作業，始終保持疍家艇形式。一個世紀一
個世紀的過去，直到 19 世紀後期，珠江口香港一地，
才出現擁有現代機械設備的漁輪；但是廣東只有邊海地
區的汕尾以及陽江等地才有利用風力行駛的漁船。對比
底下，畢竟是落後。

香港的機動漁輪出現得早，發展亦較快。至 1980
年，香港漁船約有 5400 艘，其中新式漁船約佔 1800
艘，比 1979 年約增加 200 艘。1982 年又增至 1900 艘。

1984 年，機動船更大幅增至佔漁船總數的 92% 以上，達 4000 餘艘；漁民則有 20000 多人。他們在海魚捕撈業方面起着重要的作用，漁獲包括 150 多種具商業價值的食用魚，大部分供應當地居民的消耗。香港的漁船中，船身長十米至 34 米的佔 60%，主要是拖網漁船、延網釣艇和刺網艇，駛到東京灣至東海一帶的大陸架遠洋水域作業。其餘較小的漁船主要在港島沿岸較淺水域作業。

從 20 世紀 50 年代起，嶺南地區工業經濟逐步向上增長，交通亦告頻繁；工業廢水不斷的排入江河，水質受到嚴重的污染，使江河魚蝦產量大大減少。留在珠江各河道里進行撈捕的水上居民，已難為活，只好上陸就業，或改作運輸業，亦有不少人駕着「連家船」向南遷移，遷到珠江口以及南海濱海地區。由於海上風大浪大，蜑家艇難於適應遠海作業，就是在近海，遇上颱風，蜑家艇也難於抵擋。於是又有許多水上居民，捨棄蜑家艇，憑當地集體的公積金購買木殼漁船進行近海作業。

據筆者 1982 年在廣州市屬番禺縣蓮花山鎮羣星管理區進行實地調查，這個區於 1959 年便以集體資金從

香港購進機械動力漁船，開到近海進行撈捕作業。珠江口水上居民自從有了大型木殼機械漁輪以後，他們撈捕範圍逐漸擴大，東部延至汕頭南澳島海面，西南直到北部灣。至於汕尾等地機械漁輪，甚至開到菲律賓近海進行作業。

這種大型的木殼機械漁輪裏，有貯淡水的水艙，有冷藏庫，平常貯備一些肉類、水果、蔬菜，捕到魚時，亦將之放進庫裏。通訊工具也大大地改進。

過去，在歷史上，疍家艇若遇上風險，要報訊求救，日間，在艇上高高地掛起漁籮，或吹起海螺；夜裏則擺動火球。陸上的人看見，則吹牛角召集人們設法援救。這種通訊手段，畢竟不能傳到遠方，所以過去艇翻人亡的事件，經常發生。

20 世紀 60 年代起，珠江下游大型漁輪的通訊設備改為電子化，其後不斷的更新。平常憑收音機，可以聽到每天天氣預報以及風訊。有些漁輪還裝上電台，開到遠方也能跟自己原住地進行聯繫。

20 世紀 70 年代以後，輪與輪之間有對講機；開往遠海捕魚的漁輪，還裝上雷達掃視器，並有觀察深水魚羣活動的觀測器。珠江出海地方的水上居民捕魚作業設

備比珠江水系其他地區先一步邁向科學化和現代化。至於珠江水系的上游，以打魚為業的，則仍停留在蛋家艇式手工操作階段。

這種向科學化和現代化的邁進，也不是一帆風順的。

首先，要使傳統思想改變。

人們世世代代都是駕着蛋家艇打魚，極限也不過搖着櫓或使用風帆在邊海打魚。對於鉅型機輪最初不少人存在着一種狐疑態度，花去這麼大的資本能不能賺回來；若不，又該多少年才能將本錢賺回。以後，經過許多生活實踐，傳統思想才得以改變。

第二，技術問題。不論對輪機駕駛、電子儀器使用和船上各項工作，均感陌生，唯有請漁業輪機學校培訓，或請師傅隨船指點。在香港，漁業方面的發展包括革新漁船設備，採用更完善的捕魚和航海裝備，由漁農處向漁民提供諮詢服務，並進行試驗和示範，以確定某些新式漁具是否適用。該處並在主要捕魚中心為漁民舉辦航海訓練班，及為船主、輪機長與無線電話操作員舉辦業務管理課程，以解決技術問題。

第三，柴油問題。沒有柴油，漁輪就開不動。廣東

現代漁船

在未實行開放政策之前，市上柴油來源短缺。柴油的配售時常不敷所需；就在開放初期，也有這種現象。筆者於 1982 年 8 月，在番禺蓮花山鎮羣星區作過調查：全區共有大小捕魚船 130 艘，裝上輪機的有 120 艘，其中裝有 400 匹馬力的已有十艘，能在遠洋深海裏捕魚。也有十艘裝上 150 匹馬力，能在近海捕魚。其餘 100 艘小型漁輪和夫妻艇，亦裝上機械推進器。

1981 年一至六月，當地柴油專賣機構配售給羣星區的柴油為 2421 桶，僅夠這個區 80% 漁輪行駛使用。1982 年一至六月，配給量改為 1378 桶，跟需求量距離

更大。當時許多漁輪停航，泊在港內的大漁輪無法行駛，任由風吹雨打，船身受到水質腐蝕，會逐漸腐爛，買回來的大漁輪每艘值 30 多萬元，若繼續沒有柴油開動，把它賣出去只能作為破船出賣，每艘只值萬多元，他們曾經有過一段這樣極為困難而動盪的歷程。

1983 年起，這一帶徹底的貫徹開放政策，柴油公開發售，才解決了燃料短缺問題。大型漁輪均能開到遠海進行撈捕，捕得大量的水產回來，將之銷於市場換成貨幣，再購買柴油；這樣，便大大地改善生產的條件。

人們收入增多了，於是建起新洋房，購置新式傢具，添置許多家用電器，生活方式完全改觀。

現在珠江口各個漁港擁有大量被當地人稱為蝦輪船的漁輪。這種船裝上 480 匹馬力發動機，有雷達掃描器，有方位儀、電台、對講機、測深儀、深水觀測器、冷藏庫、淡水庫。這種漁輪航行時，不受氣候條件的影響，可以航行到遠洋。在海洋上能測得自己所處的經緯度，並能測出船下水的深度；能以機械進行水下佈網或起撈所得。這種船可以日夜連續航行，連續撈捕。還有一種被當地人稱之為「網輪船」，這種船型號小一些，其動力是 72 匹至 400 匹馬力不等，也有無線電對

講機，能保持船與船之間的聯繫，並能保持漁船與原住地管理區的聯繫。這種船沒有雷達裝置，只能在近海作業。至於其他疍家艇，有的被閒置，有的作為交通艇；裝上馬達的，則在伶仃洋畔打魚。

在珠江口，從 1983 年起，人們以「家」為單位，好幾家人組合在一起，住在一條大漁船裏，開住遠海捕魚。大漁輪比比皆是，從此漁民進入大規模生產階段。珠江下游，漁業生產騰飛，漁民生活發生了巨大的變化。

3　各種捕魚用具

　　珠江水系，水上居民捕魚用具主要是網。由於地段不同，水域不同，魚類也不同，其所用的網具也不同。

　　在香港海域，主要出產紅杉、池魚、九棍、大眼魚、鰔魚及魷魚。捕魚法按漁具劃分有拖網、延繩釣艇、刺網和圍網等方法，其中又以拖網捕魚法為主。1984 年，香港漁民以拖網法捕得的海魚有 78000 公噸，佔該年該地捕獲海魚總量的 68%。1989 年，這兩個數字分別增為 181000 與 76%。可見拖網法更趨重要。

　　在珠江口以及濱海地區，水面遼闊，水的深度也較深，所產的魚為馬鮫魚（學名 Scomberomorus sinensis），大黃魚（學名 Pseudosciaena crocea），紅魚（學名 Lutianus erythropterus），曹白（學名 Ilisha elongala），這些魚體積較大，魚身又較長。

　　歷史上，這裏的水上居民使用的網具有兩類；一類叫做「罟」，罟又分為「圍罟」和「綜罟」兩種。圍罟乃是極大的網，高六七丈，長三十餘丈，用時以二「罟」合成為「一朋」，每船載一「罟」，好些船一起同

駛於近海水域。放「罛」之前，兩船併合，先將兩「罛」的罛頭聯結一起，然後把罛頭一起沉放於海水裏，兩艘船慢慢地駛開，在駛開時，人們在船上各自將罛網陸續沉放，沉放完畢，每船以七八個壯漢緊拉着罛的牽索；然後派出好些小艇用小板在水面擊水，驚動水裏的魚羣，使之亂竄，竄入罛圍裏。兩船又慢慢地相互駛來，相互合攏，這叫做「罛朋」，這便完成圍攏的程序。兩船牽索的人各自將罛逐步拉起，這樣一天可得幾萬斤魚。「繰罛」亦是這樣為之。

　　大抵「圍罛」較密，能護取大魚、中魚、小魚。「繰罛」較疏，專取大魚。另一類叫做「罾」，其面積和長度較「罛」小，乃佈於珠江下游近於珠江出海之處，或佈於海濱淺水的水域裏。這即是在這類水域地點，每於一定的距離豎起一根根木樁或竹樁，成為圍圈形，然後在樁下圍上長網（罾）；其入口處向着潮水漲的方向，潮水一漲，入口的網端受到潮水衝力而張開，潮水夾着魚羣衝來，魚羣便源源入內。潮水漲定，便開始退潮，罾口順着潮水後退，退潮向後的擠力，開口之處會自然閉合，闖入罾內的魚羣，便不能順着潮水退向游出罾外。佈「罾」的主人定時泛舟到這裏收起所佈的罾網，拾取罾內的魚。

扣罟捕魚

　　這幾種捕魚用具在珠江口至今猶存。以上所述的幾種圍捕方法，為歷史上所用的方法，今天看來實在落後。但是它在 60 多年前以至幾百年前，這種漁具，這種圍捕方法，在珠江口以及濱海區，於生產上曾起過良好的作用。今天的「蝦輪」「網輪」採用機械佈網，機械起撈，其效果及收護量自然遠非這幾種古老圍捕法所能比。

　　至於嶺南各條江河淡水中所產的魚，跟海魚又不同；體積小，長度也不長。最常見的為鯉魚（學名 Cyprinus carpio），鯽魚（Caracsinus auratus），草魚（學名 Ctenophary ngodon idellus）、鯪魚（Cirrhina molitorella），鱅魚（Aristichthys nobiis）以及西江各支流所盛產的名貴「桂魚」

（Siniperca chuatsi），其體積均小。故此，處於珠江水系中、上游的水上居民，使用罾家艇捕魚，所用的捕魚工具均是一些面積較小的方形網。

有些網的一角，繫上牽索作為網頂；頂下兩下方底邊，繫上鍊狀碎鐵塊，這種網全由男子使用。男的立在艇頭，手腕繫着網頂牽索，雙手執着網身，女的在艇裏操縱着雙槳，使艇緩緩地前進或後退，男的從水面波紋變化中辨別何處有魚，示意艇中操槳的婦女前進或轉換方向，船到其所識別的水面時，男的雙手立刻向前撒開漁網，漁網全部張開下沉，然後牽着網頂，慢慢地把網一手一手的拉起，再從網內收拾捕獲的淡水魚。另一種，則以六根小竹竿交叉，以棕繩在其正中交叉點紮牢，再在這個交叉點上安裝着一根粗竹作為柄桿，於這六根小竹上張開一張面積更小的四方形漁網，像一把極大的剷一般；男的立在艇頭，手持粗竹桿所做成的網柄，將那張網斜斜鏟入水中，然後將之撈起，再用一個極小的羅網，將撈得的魚戽入艇裏的水艙中。

水上居民所用的網具，在歷史上，一向由各家的婦女紡織而成。珠江三角洲以及西江沿岸盛產黃麻（Corchorus capsularis），青麻（Abutilon theophrasti），

特別是青麻，更適宜於紡織魚網之用。在歷史上，水上居民所用的「罛」和「罾」原料多用黃麻為之。江河的蛋家艇所用的網，多以青麻為之。

　　所有水上居民製網原料，乃自市上購回，用鐵齒梳將麻皮梳開，再搓成線；然後由婦女編紡。每隻艇、每個家庭，每當婦女做完日常家務以後，便坐下盤膝編網。一張網的編成，費時極多。每家婦女，一年到頭，一有空就編網。

　　編好的網，再以薯莨（學名 Dioscorea cirrhosa）進行樂染。由於薯莨含有「單寧」，與麻所含的脂肪接觸，便能使麻質柔軟。為使漁網泡水後不易霉爛，水上居民便用鮮鴨蛋的蛋白塗染漁網，待塗上的鴨蛋在網線上凝聚乾涸，便構成一層保護層。打漁以後，又迅速用乾淨淡水將之沖洗乾淨，再於陸上空地裏鋪開，或在陸地上所搭的棚架裏難開，或在岸邊用竹桿將之撐開，讓它曬乾或晾乾，經過這樣處理，漁網便耐用得多。

　　水上居民經常在市上購買一小籮一小籮鮮鴨蛋回來，他們打破鴨蛋，取出蛋黃，留下的蛋白便用來染網。蛋黃則用竹織的盤箕將之攤開，再撒上一點點精鹽，然後放在太陽下曬乾，又拿到市上出售。

　　一些貧苦的水上居民，結搭茅草頂的「干欄」居於水濱，用細竹篾編成密密的漁罩，在江河岸邊罩取小尾小尾的小魚為生。或以小竹箕跣足淤泥，挖淘泥底裏的小泥鰍（學名 Misgurnus anguilicaudaus）作副食之用。

　　20 世紀 70 年代以來，香港的漁船幾乎已全部採用人造纖維製成的漁網、釣線和繩纜，故效率較高。而中國內地自興起了塑料工業後，珠江水系各地編織漁網，也逐步以塑料即人造纖維絲線代替了青麻。不過，儘管如此，到了 1987 年，筆者在珠海市斗門縣黃金漁村所見到的，仍有不少用麻質的眾網，曬場上鋪開長長的待曬的麻質「繰眾」。

　　總之，嶺南地區的水上居民，捕魚用具是多種多樣的，完全視自然環境、水域不同而異。在歷史上，既有麻質編織成的「眾」「罾」和方形網，亦有用竹篾編成的罩捕器和撈捕器。改革開放後雖然有不少漁村已採用人造膠絲，但仍不能完全取代麻質罾網。這可能由於傳統習慣，亦由於中國內地彼時仍未能製成能合紡出較粗線索的塑料絲。這樣，便不能織成較好的「眾」和「罾」。故此，塑料細絲漁網完全取代麻質漁網有一個較長的過程。

4 水上居民作業分類

從總的來看，嶺南水上居民乃以多種不同的作業為活。就文獻所記以及目前所見，大致可以分為以下幾種職業。

① 捕魚業

這是水上居民最為普遍的職業，同時也是古老的職業。北宋樂史在《太平寰宇記》卷一百五十七「嶺南道・廣州・新會」說得很明白：「蜑戶，縣所管，生在江海，居於舟船，隨潮往來，捕魚為業。」南宋王象之所寫的《輿地紀勝》卷一百二十四「瓊州・景物上」所引《圖經》云：「蜑戶，以船為生，居無室廬，專以捕魚自贍。」

清乾隆《南海縣志》卷六「雜課」裏有說：「蜑戶以捕魚為生，水道最熟」。直至 20 世紀 40 年代以前，捕魚可以說是嶺南水上居民最主要的職業。

② 採蠔業

明末清初期間，東莞、新安（即今之深圳市）濱海

地段盛產蠔。[1] 當地婦女均能打蠔。這段時間，生長於珠江三角洲的屈大均，曾寫過兩首打蠔歌，描述過這方面情形：

> 一歲蠔田兩種蠔，蠔田片片在波濤；
> 蠔生每每因陽火，相疊成山十丈高。
> 冬月真珠蠔更多，漁姑爭唱打蠔歌。
> 紛紛龍穴洲邊去，半濕雲鬟在白波。[2]

按：龍穴乃在珠江下游虎門附近，突出於珠江水面的一個小崗丘；崗的四周沉積着泥沙和淤泥，構成一片寬闊的淤泥坦。歷史上，這裏曾是養蠔的田，如今已廢棄，養蠔人改在深圳市南頭街道附近濱海地段養殖。

清阮元編《廣東通志》卷三百三十所引《咸賓錄》說及：蜑人「有三種，入海取魚者名魚蜑，取蠔者名蠔蜑，取材者名木蜑，各相統率；魚蜑、蠔蜑入水二三日，亦謂之龍戶」。足見取蠔的專業戶由來已久。今天，這些專業戶匯聚於珠江口以及廣東近海海岸。他們於淤泥塗坦裏養育牡蠣（學名 Ostrea）。當着潮水退時，塗坦露出水面，人們利用塗坦上淤泥的表面張力，以一塊半公尺長的木板，裝上一把扶手，雙手把住扶

手，一隻腳踩在板上，一隻腳蹬着淤泥，滑板便滑行如飛，以此來往，收集牡蠣，放進掛在扶手旁的小籮裏，再蹬到岸旁將之剝開，取蠔肉回家。這種專業户間中亦打魚，打魚乃成為他們家庭一種輔助性收入；其生活來源乃養蠔、取蠔，將肉加工曬乾出售。

香港的養蠔業則集中在流浮山一帶。蠔民由內地沙井購入幼蠔，再在流浮山附近水域放養一段時間，長大後供應本地市場。

③ 捕蟹業

處於海上鹹水與江河淡水交接處水域的塗坦產蟹最多。所產的蟹亦最肥壯、美味。在珠江口東莞市的虎門，中山市的橫門，新會縣崖門，斗門縣的磨刀門這幾個地點均盛產這類「膏蟹」（Eriocheir sinensis）。濱海地區，還產一種名為「青蟹」（Scylla serrata），以及「異齒蟳」（Charybdis anisodon），「斑紋蟳」（Charybdis cruciata）這四種「蟹」均是水上人掏捕的對象。

屈大均曾留下兩首以《蟹》為題的詩。一首說：「蟹逐鹹頭上，漁人網不稀。」另一首又說：「今年鹹上旱，膏蟹滿江波；價比魚蝦賤，餐如口腹何！」[3]

　　歷史上好些水上人捕魚兼捕蟹，目前則不同。在虎門、橫門、磨刀門、崖門以及汕頭市、汕尾市，陽江市北津港均有好些專門捕蟹的人家，每天將所捕得的蟹送往市場出售，但他們是不捕魚的。

④ 掏蜆業

　　西江、北江、東江這三條江下游地段，在河床底部沙坦中盛產蜆子，好些水上居民就地掏取。

　　明代廣東著名學者陳獻章（白沙）有一首《食蜆》詩，描述處於西江下游的支流新會縣產蜆、食蜆情況：「家住東南蜆子村，小鐺風味勝侯門。」[4]明代珠江三角洲的新會縣有盛產蜆子的「蜆子村」，當地人又歡喜吃蜆子，水上居民遂就地掏取，售給人們吃食。

　　屈大均《自胥江上至韶陽作》第二首所謂「胥江沙水淺，取蜆罟船多」。[5]這是描寫北江下游產蜆的情況。

　　蜆（Corbicula）在嶺南，以其殼的顏色分為白蜆、黃蜆、黑蜆三種。白蜆產於東莞市濱臨珠江以及珠江口一帶，味道甚美。黃蜆，珠江三角洲各地均有之，人們稱之需「黃沙蜆」。黑蜆產於各條江支流涌滘淤泥裏。

掏蜆

明清時代，有一句諺語流傳於珠江三角洲水域：「今年白蜆多，蜑家銀滿竹字笍（籮）。」[6]足證各條江河所產的蜆，歷來是水上居民重要的生活來源之一。

⑤ 捕蝦業

嶺南地區各條江河，出產青蝦（Macrobrachium），中華米蝦（Caridina denticulata sinenis），珠江下游和出海地段產白蝦（Palaemon carinicauda），以及沿海海岸所產的龍蝦（Panulirus），歷來都是受到人們歡迎的食品。

水上居民傳統的捕蝦法，在江河上多以長形的蝦籠為之。蝦籠內裝入一些花生粕（炸油所剩下的花生渣

滓）為餌，以長繩將一個個蝦籠聯成一系列。傍晚時分，人們用小艇載着上百個蝦籠，泛到江河岸畔一定的地方，將這一系列的蝦籠逐個沉放下水底裏。第二天早上，艇上的人牽着蝦籠所繫的繩索，逐個將之拉起，將昨晚闖入蝦龍裏的蝦倒出來，貯於艇的水艙裏。收集完畢，便駛回岸邊，提着所獲，到市上出售。近海捕蝦則用網一網撈起，魚蝦混在其間。內河捕蝦必兼捕魚，早上收完蝦出售以後，回到艇裏或水上干欄裏吃完午飯，便去捕魚。近年在濱海區有些人發展海水養殖業，專門養殖對蝦（Penaeus orientalis），這乃是企業家所為，是另一回事了。

⑥ 造船、修船業和竹織業

　　水上居民匯聚之處，其中有些是專門修船、造船的。如前所述：他們搭起較大的茅棚作為作坊和小小的船塢，這種造船廠一般僱工五六人。此外在水上居民羣中，也有不少業餘的為自己修船並為鄰近的人們修船。

　　至於從事竹工的，明末清初顧炎武所寫的《天下郡國利病書》已有提及：「蛋有二，一編竹為筐箕之屬；

一捕魚者，皆不徙業。編竹者籍隸於東莞。」[7]

這些編竹的，能織造漁罩、圍魚用的竹圍，或以細小的竹篾編成蝦籠，編成盛魚的蘿箕或小竹蘿，以及水上居民用的竹帽。

水上居民中這類木工、竹工，有其專門技藝，他們是專門戶。

⑦ 養珠、採珠業

宋人秦觀在《海康書事》詩裏說：「合浦古珠池，一熟胎如山；試問池邊蛋，云今累年閒。」[8]

這首詩正點出古代北部灣合浦一帶養珠採珠工作均由水上居民為之。

明人田汝成《炎徼紀聞》卷四「蠻夷」項目裏說：蛋人「善入水採珠螺，以繩引，縋人而下，手一刀，以拒蛟龍之觸。得珠螺則以刀擊繩，舟人疾引而出，稍遲則氣絕矣」。

水上居民採珠時，手持一把刀，由於「水」的壓力和阻力，雖有刀，也不能像在陸上那樣揮動自如。碰上大鯊魚，又怎能抗拒襲擊？結果被吞噬至死者不少。

在珠江口，深圳灣附近伶仃洋旁邊，有一個水域名

為「媚川都」。在五代南漢割據期間，曾把這裏闢為珠池，強迫疍民下水採珠。

北宋開寶五年（927年），宋廷曾將這個珠池廢棄。元代元貞元年（1295年），屯門寨（相當於今天香港屯門一帶）巡檢劉進程和張珪，為着獻媚和討好蒙古貴族統治集團，特上書說：「東莞縣大步海內（筆者按：當時香港地段歸東莞管轄）生產鴉螺珍珠。」張珪又說：「本縣地名後海、龍岐及青螺角、荔枝莊共二十三處，亦有珠母螺出產。」於是這一帶遂被元朝統治集團指定為採珠的水域。每年六月和七月，官吏強迫水上居民下水採珠。大德四年（1300年）又有一位元朝官吏侯福上報說：「東莞縣東，名橫州，共十處出產珠夥。」這些地點又被劃為採珠水域。[9] 採珠範圍越來越擴大，當地水上居民的災難遂不斷加深。

元朝延祐六年（1319年）東莞人張惟寅曾作《上宣慰司採珠不便狀》描述當時這一帶採珠人的慘狀。原文收在清嘉慶《新安縣志》卷二十二「條議」裏。為着使當代各界人士了解古代採珠人具體苦況，特將其中一段文字譯成現代語，俾得窺其大概：

珠乃生長於海蚌裏，處於幾十丈的深水中，凡是有珠的地方，必有水怪和兇惡的巨魚守護着。採珠時候，採珠人繫着石頭，縋繩入水下沉，求其能迅速的沉到水底。下到水底採撈珠蚌時，或是摸得到或摸不到。人沉在水下，行將窒息之際，便掣動繫在自己身上的繩，求舟中同伴趕快把自己拉起；稍遲一點，採珠人則氣絕，七孔流血而死。水下採珠，或者碰上兇惡的魚或水怪，則會被它們吞掉，無法迴避。平常剖開百多個海蚌，僅得珍珠一二粒。雖然珠池所處的水域與水上居民為鄰，而採珠人飢寒襤褸則甚於其他處貧民；若不下水採珠，怕得罪於官而將他們殺掉……

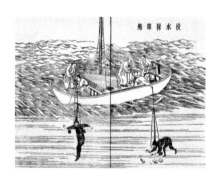

採珠圖

　　元代傳下來這篇文獻，正反映出珠江口古代採珠人的苦況。其他水域的採珠人遭遇，諒亦相同。

　　至於當代，這項事業的設備和救生配合已大大不同。養珠的，憑科學技術先殖珠胚於珠母中，然後投放於養珠池裏，計算好其珠胚成長發育時間，再撈起而採之。人們下水採珠時，更有周全的救生設備，並有氧氣筒使之呼吸順當。養珠人、採珠人的處境古今已大不相同。

⑧ 充當長河渡、橫水渡、趁墟船的船工

　　所謂「長河渡」是一種憑人力或利用風力開往遠距離地點的交通船。在元代從廣州已有開往新會、肇慶、金利、四會、東莞、石灣、惠州等五十條航線的「長河渡」。[10] 由於珠江三角洲乃水網之區，村與村之間，常隔有小河，人們往還，時要藉助於船艇過渡到對岸，因之在河邊相當地點，設有「橫水渡」。這種橫水渡在珠江三角洲相當多。還有一種名為「趁墟船」。封建社會，基礎雖然是自然經濟，人們仍需要交換，因之在一定的地點設有墟場，定期互市。珠江三角洲很早已有「趁墟船」，接送趁墟人來往。明代陳獻章《江門墟》

一詩有說：「誰為問趁者，莫上趁墟船。」[11] 足資證明。

這些長河渡、橫水渡、趁墟船的船工便是由當時水上居民充當。

⑨ 充當水軍

明代洪武十五年（1382 年），明廷曾將屬於廣州管理的水上居民萬多人充當水軍。[12] 明代，福建省濱海區有所謂「漁兵」之設，這亦是由當地水上居民充當。[13]

⑩ 作水上流動的小商販

以蜑家艇裝載着日常所需的油、鹽、醬、醋，或花、果，或所捕得的魚、蝦，售給泊於水面的貨船和近岸的陸上居民。這種販艇，清代在廣州及梧州一些市鎮前的水面，經已有之。

清同治《番禺縣志》卷六「輿地四・風俗」裏有說：端午節時「士女乘舫，觀競渡於海珠，買花果於蜑家女艇中」。（按：當年的海珠是珠江河面一個極小的小島，如今已藏在「廣東省總工會」地下。）賣花賣果，便是當年水面上流動艇販所售的商品之一。

19 世紀中期以後，隨着廣州經濟不斷的發展，珠

江河面上更增添一種經營飲食業的流動性艇家，在廣州市珠江東堤水面、荔枝灣、東海、大坦尾水面，出售「艇仔粥」「炒沙河粉」等。當時泊在廣州市東堤或大坦尾運輸穀米商品或其他商品的民船，或在荔枝灣頭的遊人，一招手，這種出售飲食的小艇，便倏忽而至，售出他們的粥品和粉類。

　　由清末至民國中期，廣州市東堤泊有一種巨大的畫舫，專供當時達官貴人、鉅商、大賈飲宴之用。特別在盛夏之日，廣州氣候炎熱，這些官貴鉅商，喜歡在這類畫舫設宴招待賓客。這種畫舫的經管，乃由極少數富有的水上居民與陸上豪紳合夥經營。抗日戰爭爆發以後，廣州社會長期動盪，經濟蕭條，無法維持，船身由於長期停泊，水質侵蝕，逐步腐爛。抗戰以後，所存無幾，到民國末期自告消滅。

⑪ 農耕業

　　過去，陸上豪紳以及地痞，不准水上居民陸居，並且不准他們擁有土地。[14] 清朝雍正七年（1729 年）清廷正式頒佈《恩恤廣東疍戶》，通令廣東各地准許疍民移居陸地，並准其務農耕種；並通告全省豪紳士民，不

得將蜑戶欺凌，驅逐。[15] 當時，遂有一部分水上居民陸居轉化為農民。

　　其實，水上居民務農不自雍正年始，早在東漢年代（公元一世紀前後），珠江水面已有一些蜑家先民在西江衝積的沙坦上，既耕沙田又兼撈捕了。[16]

　　歷史上，嶺南水上居民的作業是多種多樣的，並不是單一的在水上撈捕和採珠。他們對嶺南漁業、航海技術、遠近內河水上交通和圍墾沙田，發展農業都作出傑出的貢獻。有關他們的圍墾和發展農業方面的成就，我們下一節當詳加論述。

註釋

1　見屈大均《廣東新語》卷二十三「蜑」。

2　見同上。

3　這兩首同以《蟹》為題的詩，均收在《翁山詩外》卷七。

4　見陳獻章《白沙子全集》卷之八「七言絕句」部。

5　見屈大均《翁山詩外》卷九。

6　參閱屈大均《廣東新語》卷二十三「白蜆」裏所述。

7　見顧炎武《天下郡國利病書》卷一百「廣東‧四‧博羅縣」。

8　參見秦觀《淮海集》卷六。

9　本段所引參見元人陳大震編纂的《大德「南海志」》（殘本）卷七〔寶貝〕。廣州市地方志研究所排印本，1986年印行。

10　參閱同上書卷十〔河渡〕。

11　見陳獻章《白沙子全集》卷七。

12　參閱清阮元《廣東通志》卷一百八十七「前事略」。

13　參閱明王家彥《閩省海防議》，收在《古今圖書集成》「方輿編‧職方典」第一千三十二卷「福建‧總部‧藝文一」。

14　參閱清同治《番禺縣志》卷五十四「雜記‧二」。

15　參閱清嘉慶《新安縣志》卷首「典訓」。

16　見張壽祺、黃新美《珠江口水上先民「蜑家」考》，刊於《社會科學戰線》1988年第四期。

5 對嶺南各處三角洲的開發

廣東既是濱海地段，又是珠江、韓江水系匯聚出海之區。在珠江和韓江出海處，由於水面平緩，流速減低，同時由於淡水與鹹水交接處，淡水與鹹水比重不同，水流所挾帶的泥質和微沙沉積，分別構成了珠江三角洲和韓江三角洲。其他如陽江縣漠陽江小型三角洲和吳川縣鑒江小型三角洲亦是這樣形成。

在這些三角洲河灘和海灘裏圍墾造田，圍墾工作，乃由水上居民為之。在各個三角洲江河裏，有好些失掉生產資料的水上居民，平常搖着平頭艇，穿插於河、涌、灣、滘來到各處村莊岸畔找活兒幹。他們搖艇搖到哪裏，就在哪裏打零工。他們的工種乃屬於農業性質的，若細加區別，又可分為多種：

① 種莎草

江河出海的口岸或江河中心，沉積着片片浮沙。這種地貌，「自然地理」稱之為沙壩或沙洲（Sandbank）；珠江三角洲的人們稱它為「坦」。在廣州市區有所謂「大

坦沙」「大坦尾」，便是由這類地貌發育而成。其過程首
先由江水泥沙沉積成為淤泥沒脛的沙洲（廣州方言稱之
駕「爛坦」）。出現這類「沙坦」時，當地業主為着擴
展田土，便僱請搖艇過路找零活幹的水上居民在沙坦上
或爛坦上種「莎草」（學名 Cyperus malaccensis Lam）。
這種莎草東莞人稱之為「咸草」或「莞草」，南海人、
番禺人稱之為「水草」。由於東江注入珠江的出口處，
東莞地段盛產這類草，有不少東莞人就地採集，將之曬
乾編成睡蓆或打成繩索出售。20 世紀 30 年代以前，這
種草織商品曾是東莞重要出口商品之一。所以那一帶泥
坦、沙坦種有許多莎草。泥坦沙坦種上這種草以後，逐
成為「草坦」，這樣會使該處水流緩慢，水裏所含的泥
質更易沉積，泥坦、沙坦的面積更能加快的擴大，這便
為圍墾造田準備了條件。

打零工的水上居民為臨時僱主種完莎草以後，又搖
着小艇到別處去找活幹。

② 築堤圍墾造田

當草坦所淤積的泥沙於其邊緣越來越擴展，在適當
時間，當地業主又僱請那些打零工的水上居民，於秋、

岸邊的莎草

冬季節，抓緊時間在草坦旁築堤造田，以他們的勞力挖江底的泥土築成厚厚的堤圍。堤圍底部適當地方，築起一個小小的木結構「水竇」；潮水漲時打開水竇的小閘板，水能自由流入堤圍內，用以浸田，用以灌溉。水竇關閉，雖漲潮，水也不能進入堤內。潮水退時，為着減小堤內水量，可以打開竇口，讓圍內存水流出。這種古老的水利技術，乃由水上先民長期築堤所得出的經驗傳承下來。築成這種圍田，珠江三角洲稱之為「沙田」。其形式正像江南地區所稱的「圩田」。

　　廣州市區「河南」東部地名有所謂「宜利圍」「客村大圍」。市區東北部增埗河、沙貝海之間，有所謂

「螺涌圍」，市區西南下芳村之旁有所謂「聯合圍」，地名中正反映出這些地點乃歷史上「水上先民」圍墾造田所形成的田圍，今天成為廣州市區近郊一部分原野。

現在珠江口虎門附近，有一個聞名遠近的珠江農場。她的前身「沙田」便是在清代後期由水上居民在沙坦、草坦上築堤圍成的。經歷百年的演變，遂成為今天極具規模的大型農場。

惠州、潮州濱海區的圍田亦是這樣造成的。不過濱海圍田的堤圍乃以石頭砌築，用泥灰黏合而成，用以抵擋海浪。濱海築堤圍墾的田地，因為土質含鹽鹼較重，不宜種水稻，適宜於種甘蔗。

清道光乙酉年（1825）冬，當時兩廣總督阮元巡視惠州、潮州濱海地段，寫下的《惠潮海邊四詠》「蔗林」一詩說：「高蔗若蘆林，霜譜甘且白，海外多棉花，有無正相易。」這首詩末端阮元自己添上註腳：「兩粵不種棉花，棉花皆自西洋來，而蔗田糖霜出海者甚多，交易相等。」[1]

當時惠州、潮州邊海田土盛產甘蔗，原因乃在於其土質。珠江三角洲南邊的濱海地段圍海造田以後，亦大種甘蔗，到今天仍是這樣，原因也是在於這方面的土質。

清代中晚期，廣東大量蔗糖源源運出外洋銷售，換回人民日常所需的棉花，光就這一項收益，便可以窺見歷史上水上居民圍海造田對當時廣東經濟發展的貢獻。

③ 種甘蔗

這種作業亦需要大量勞動力。栽種前先整地和起壟。種時，將蔗苗在壟上斜插。蔗苗長出葉以後，不斷地培土，定期施肥；培土時，畦與畦之間的表土被挖起，將之堆在蔗身之旁，這樣，畦與畦之間的表土不斷的被挖，逐步被挖成坑。這種作物，要定期施肥。甘蔗身長高，在一定的時間，每株甘蔗要將其蔗身表殼剝去，以利繼續成長。甘蔗成熟後，進行收拔，要用利刀將蔗頭根鬚削去，才能售給榨糖作坊，這時需要更大量的勞動力。

在歷史上，這些操作均由業主僱請那些流動於江河、海邊找零活幹的水上居民為之。

④ 種茨菇、種藕

茨菇（學名 Sagittaria）和蓮藕（Nelumbo mucifera sagittifolia）這兩種作物，是珠江下游的「沙田」較為

普遍的作物。過去，經營這兩種作物栽種，乃由「沙田」業主長期僱用一個精通這兩種作物栽種和管理技術的人充當師傅，指導臨時請來的一些打零工的水上居民進行栽種。這兩種作物下了種以後，其所栽種的「水塘」要施放大量人糞尿。這項勞動亦是由業主僱請這些搖着船、泛着艇打零工的水上居民，從城市或卿鎮裏買回一船船一艇艇人糞尿，架起長長的木槽，跨過堤圍，由船艇工一戽斗一戽斗，將人糞尿灌進蓮藕塘或茨菇塘裏，一直灌到使其塘水變成綠色，這樣，塘內的肥度才算達到標準。從下種到收穫，起碼要作三次這樣的施肥。作物成熟，在深泥裏挖起蓮藕，挖起茨菇，也是由這些打零工的水上居民為之。挖多少付多少工錢，工作完成，僱主便將之遣散。總之這些打零工的水上居民，招之則來，遣之則散。一年到頭，各人搖着各自破舊的小艇，穿涌過溜，到處找活兒幹；不管什麼活兒，只要有業主僱請則幹。

⑤ 養鴨

　　珠江三角洲濱江和邊海地段築成基圍構成「沙田」以後，必須大量養鴨。

　　屈大均在《廣東新語》中曾記述過這種情況:「廣州瀕海之田,多產蟛蜞,崴食穀芽為農害,惟鴨能食之。鴨在田間,春夏食蟛蜞,秋食遺稻,易以肥大,故鄉落間多畜鴨。畜鴨有埠,埠有主,以民有恆產者為之。凡鴨食人田稻,責之埠,埠主責之畜鴨民,按名以償,無有敢為暴者。秋穫時,鴨價甚賤,佃户納租,必以鴨副之。」**2**

　　屈大均書裏所述的蟛蜞(學名 Sesarma),它不單會傷害禾稼,還會挖泥鑽洞,損害田埂堤岸,對農作和水利均有害。

養鴨

　　鴨羣不單吃蟛蜞，並啄食蝗蝻（Oxya chinensis），保護水稻和其他作物，有着良好的作用。

　　就屈大均的記述來看，珠江三角洲「沙田」地段養鴨，起碼於明代（十四五世紀）經已存在，有相當長的歷史。

　　過去，養鴨工乃由埠主和畜鴨人僱請一二名打零工的水上居民充當。每天早上養鴨工放鴨出圍，鴨子成羣的浮游於河、涌、灣、滘之旁。鴨工駕着小艇，持着一根細長的竹竿，竿尾纏着一根縛有一塊小小葵葉的索子。養鴨工揮動竹竿，葵葉在空中搖擺，指揮着鴨羣的游向，將鴨羣趕到灘溝之旁，啄食蟛蜞、魚、蟲類。中午，將鴨羣趕回畜養的圍籬中，讓鴨羣自行休息。下午又將之趕往涌、滘、河邊，繼續讓鴨子在淤泥中啄食蟛蜞以及溝邊的蟲類。歷史上珠江三角洲一帶較少蝗災，堤圍亦比較穩固，莊稼長勢良好，這與三角洲地段大量養鴨有密切關係。

⑥ 灌泥施肥

　　珠江三角洲堤圍所構成的田園，歷史上，有香蕉田、甘蔗田、木瓜田和其他果木。這裏有個承傳於先代

的施肥方法，挖起江邊以及灘塗裏的淤泥作為作物肥料，當地人稱之為「灌泥」。當年，田園經營者均於春耕以後或秋收以後，僱請一批打零工的水上居民在其堤圍外的江邊、河邊架起木槽，跨過堤圍，憑體力，憑戽斗，自基圍外將淤泥漿一斗一斗的戽上木槽，灌入蕉田裏、蔗田裏、木瓜田裏，或將淤泥灌在果樹下作為追肥。這種就地取材的「土肥」，對作物生長甚有增益。這種灌泥工作「勞動強度」相當大，打零工的水上居民也勉力為之。

⑦　零工

基圍田園，春耕下種、育秧、插秧特別是插秧，田園面積大，農時又緊迫，需要大量勞動力。夏收夏種期間，大面積的收和種，農時更繁迫。在歷史上，都是手工操作。碰上農忙季節，打零工出賣勞動力的水上居民不愁沒活兒幹，在「沙田」地段，隨處都有人僱請臨時工。這是打零工的水上居民收入較多的季節。

珠江三角洲秋收以後，糧食曬乾，已貯入倉庫，待價而沽，這時「沙田」經管者利用這個季節性江水水位低落時間，僱請一批過路的打零工的水上居民對堤圍、

水竇灌溉溝，大加修理，以利明年春耕以及能抵擋得住明年夏季潮水的浸潤，夏、秋之交的颱風襲擊。

　　這些修補堤圍、整理溝洫的重活，也是由當時這些貧苦的水上居民為之。

註釋

1　參見清阮元《揅經室續集》卷六。

2　參見屈大均《廣東新語》卷二十「鴨」。

三 習俗與民風

1 水上居民的名字及其地域觀念

　　據清代同治年間傳下來的舊籍，謂水上居民「其女大者曰魚姊，小曰蜆妹 [1]」。

　　1965 至 1966 年，我個人曾在黃埔港附近長洲、洪聖沙、白兔沙水上居民居住區生活了足足一年，於這一帶作過調查，以「魚」「蜆」為名的已不復見。那一帶水上居民，男的也好，女的也好，其名字均有其本身的特色。

　　現先談男性的：

　　男的多以「佬」「水」「久」「睦」「明」「松」「旺」「興」等字為名。這個地方，單以「佬」為名的不下八九人。有陳佬、李佬、黃佬、麥佬、周佬、王佬、梁佬、莫佬、吳佬。六七十歲的，固然有多人名為「佬」，年紀小小的，僅三四歲亦有多人以「佬」字為名。（按：粵語方言被稱為「佬」原有兩種含義。第一種，乃指成丁的男子漢（大人）而言。第二種，泛指一般成年人（大人）而言。[2]）在水上人家方面，將兩三歲小孩起名為「佬」，有其純樸的宗教意識和祝願意義。歷史上的水上居民，浮家泛宅，出沒於茫茫水域進

行作業，在這樣的生態環境中，既缺醫缺药，米糧亦難於立即買得到。小艇泛到哪裏，口渴時，不管大人、小孩就在艇旁水面打瓢生水來喝，故此小孩極易罹病，護理條件又差，這樣，小孩一生病很容易夭折。若遇上颱風，疍艇顛簸於浪峰和浪谷中，小孩被嚇得啼啼哭哭；稍一不慎，在顛簸中小孩會被拋下海為巨浪所吞噬。種種慘痛的事實，使水上居民喜歡將小孩取名為「佬」，乃望其平平安安成長，無災無難地長大，像一個成丁的大人（佬）一樣。

疍家小孩

　　以「水」為名字的也極為廣泛。有的名為「水添」，有的名為「水有」，也有的名為「木水」，亦有單以「水」字為名；其中特別以「水添」為名的最普遍。20 世紀80 年代中期，筆者曾沿珠江而下直至珠江口，訪問過好幾個水上居民聚居區，曾碰上八九個名為「水添」的朋友。儘管姓氏不同，但是同名為「水添」這兩個字則無差別。在番禺蓮花山鎮也好，東莞市虎門新港鎮也好或珠海市斗門的漁村也好，精壯勞動力中，均有名為「水添」其人。

　　以「水有」「木水」作為名字的亦普遍。他們日常

1900 年的蜑家水上居民羣

生活中經常跟水打交道，從水中獲取生活資料，影響到他們的意識，他們對新生的嬰孩遂以「水」字命名。他們生活中也離不開「木」：「干欄」以木為之，船隻也以木為之，戽斗以木為之，干欄與干欄之間所架的棧橋通道也以木為之。同時「木」乃屬於「五行」之一，「木」能克「水」；以「木」為名字，也是一種取其在水中能浮起，能順應「水性」，克服「水害」之意。

廣州方言「久」「狗」同音，水上居民好些人名為「久」，取其「長久」的含義。亦有名為「狗」，認為孩子名為「狗」會像「狗」一樣無災無病地長大。不單水上居民是這樣，珠江三角洲許多鄉村農民，亦歡喜以「狗」為其小孩命名。

以「睦」字為名，意指和睦、敦睦之謂。

至於「明」「松」「興」「旺」，亦是取其具有良好的意兆，並且具有美好的願望之意。

其次談到女性的：

她們中許多人名為「水妹」，廣州市郊黃埔區水上居民居住點是這樣；珠江口斗門區漁村裏也是這樣。上了年紀的婦女有許多以這個名字為名，年少的已進學校的小姑娘亦有以這個名作為自己的名字。

　　以「喜」字作為名字的亦多，隨處可見。這乃與其含義有關，人們總希望逢上喜事，不希望遇上凶事。

　　女的亦有以「蝦」字命名。什麼「蝦妹」「蝦女」「細蝦」為名亦不少。

　　總的來看，水上居民的名字較為單純，並且體現出與其自然生態環境有密切關係。

　　水上居民姓氏也多，有各種各樣的姓，跟陸居農民無大差別。對比之下，水上居民宗族觀念極為薄弱，既無宗祠的建設，亦無祖先名字的記憶，更無共同一起祭祖的習俗。

　　他們姓氏雖多，沒有像陸上農村那樣碰上同姓的便稱兄道弟，他們沒有這種習慣和意識。他們不以姓氏來聯成羣體組織，概以地域觀念來維繫碇泊匯聚在一起的成為羣體。在珠江下游，寬闊的水域，一小羣一小羣蜑艇浮動在水面上打魚，概以平常匯聚碇泊的地點鄰艇為伴；曰東莞艇家、曰順德艇家、曰番禺艇家。遠在 700 多年前（宋、元期間），自順德縣泛着小艇輾轉流離，遠遷至海南島三亞港海邊聚居的水上居民，到今天，他們仍稱自己為順德人。在虎門穿鼻洋畔，有些水上居民於 20 世紀 50 年代，自東莞市東江江畔橋頭鎮遷來這裏

聚居，他們把自己這裏新的聚居點命名為「新橋」，以示不忘舊地。每逢兩三年必派人前往舊時住地「橋頭」探望原日相熟的居民。

這些事實，足證其以地域觀念來維繫羣體。

在遠海打魚時，珠江口的大漁船開到東沙羣島去，開到汕頭海面去，珠江口的船民稱潮汕地區的船民為「學佬」。潮汕地區船民稱珠江口的水上船民為「廣佬」。

儘管地域觀念很強，隨着現代經濟不斷地發展，大的漁船作業代替了小小的連家艇，不同地域的大漁輪同赴公海撈捕，在茫茫的大海洋中必然相互照應；況且打到的魚，必然就近靠岸出賣。收入增長，物質生活不斷的豐富，不久的將來人們地域觀念將會淡薄，代之而起的，將是集團性經營，廣闊的空間聯繫，現代化的企業概念了。

註釋

1　見清同治十年《番禺縣志》卷六「輿地四·風俗」。

2　參閱拙作《從民俗學考析廣州俚語「佬」字》，刊於《羊城今古》1990 年第二期。

2 從舟居到陸居

談到水上居民住處，明田汝成《炎徼紀聞》卷四「蠻夷」項目裏有說：「蜑人瀕海而居，以舟為宅，或編篷水滸謂之水欄。」

以舟為宅，這是水上居民最為常見的一種居住形式。水上居民，選擇一些可以避颱風，不當風口的涌、滘、灣頭，離開陸居農民村舍較遠，又可以碇泊船艇的這樣一些岸邊，以這樣岸邊為其聚居地，這便是所謂「水滸」。在這樣地點「編篷」（搭「水欄」），先在水邊以杉木豎起椿子，在椿子上搭起棚架，再以平滑木板為棚架地板。牆壁亦以木板為之，上蓋有些以茅草結成，有些以杉樹的樹皮蓋成。臨水那一面，有的開個門口，架設一把簡易的梯，人們可以從這裏下到水面，本戶所用的船艇便碇泊在梯前。

這種水欄（水上「干欄」），一般幾座合成一組，水棚與水棚之間，有木板棧橋作為通道。為着防備水災，每一組水棚相互之間，保持相當距離。這樣佈局便構成一組一組的水上三家村，沿着一些河滘、涌邊、灣

疍家水欄

頭分佈於岸畔。

　　今天，在珠江下游，於番禺區蓮花山鎮、萬頃沙鎮、珠江口斗門區黃金鄉附近一些村落以及香港大嶼山的大澳等地，仍有這類水欄的殘存。

　　水上居民建造這種水棚作居室，由來已久。廣東省博物館一些研究人員，於 1978 年 10 月，在廣東省高要縣金利區茅崗鄉發掘出一處水上木構建築遺址，這個遺址距離三水縣「河口鎮」不遠，鄰近西江與北江合流之處。這個水上木構遺址呈現出當時建築形態的內涵，與今天「水上居民」所建的居住房子「水棚」（水欄）極為相似。這個遺址並發現漁織工具與貝殼堆積層。據參

與這個遺址發掘的考古人員稱，「茅崩遺址，據其內涵分析，當年的居民都是現稱『蜑家』古稱『蜑民族的先民』」之居。[1]

至於高要縣金利區茅崗這座遺址的年代，意見極為分歧；經碳十四分析，樹輪校正年代為四千幾百年前遺址。目前廣東考古工作者對之仍有着兩種意見：一種認為這是屬於新石器時代晚期遺址無疑，另一種認為其年代上限當在戰國，下限則在秦漢年代。[2]（戰國到秦漢在時間上，相當於離開現在 2200 多年到 1000 年之間。）

這兩組對茅崗遺址年代的識別和判斷差距甚大。儘管目前仍未能取得一致意見，唯這個遺址反映出水上干欄（水欄）的建築已有 2000 多年的歷史，則是無疑。

我們可以說：今天嶺南水上居民殘存的「水欄」住所，其形式早在幾千年前已形成，從幾千年遠古時代傳承到現在。

晚唐詩人劉言史所留下的一首《越井台望》詩：「獨立陽台望廣州，更添羈客異鄉愁；晚潮未至早潮落，井邑暫依沙上頭。」[3] 詩的後半部兩句指當時廣州的居民住宅，許多房子建在江邊沙灘上；這即是指當時建在沙灘之上的水上干欄而言。這些房子棚架底下，每天還會

碰上早和晚的潮水湧至。

　　水上居民住這樣古老形式的居室已有發千年歷史，從 20 世紀 60 年代起在各界支援底下，人們於市區河南濱江路為水上居民建造大批房屋。60 年代中期（1966 年）起，珠江河面有大批水上居民棄水就陸，遷入新居，結束了浮家泛宅的生活，但是有好些水上居民，仍樂於水上打漁，不願陸居，繼續過着漂泊無定的生活。

　　至於「水棚」內部，從總體來看，佈置簡單：人們一進門，習俗上首先要除掉雙鞋，赤足而進；門的一個角落作為厨房，擺設有爐竈，作為烹煮的地方；中間是一小廳，廳的後面有睡房，廳的旁邊下側貼有「土地神位」，上面有神龕，以紅紙寫上「歷代祖先」「觀音菩薩」一系列的神名；廳的後面有一間小房間，是本戶夫婦休息處以及貯藏衣物和生活用品的地方，晚上孩子則以廳裏木地板為牀，睡在廳裏。

　　水上居民盛行小家庭制，每座水棚僅住一個小家庭。兒子長大結婚，則另建一座水棚，不會跟父母合居；事實上這些水棚面積有限，難容兩個家庭在一起居住。以疍家艇為住居的也具着同樣情況，兒子年紀小

的，隨父母於艇裏生活；長大結婚，則另置新艇為居室，組成新的一個小家庭，父母與兒媳不會合在一隻艇裏居住。

近十幾年來，廣東地區地方經濟發展較快，珠江口水上居民富裕起來，年輕一代自建洋房或小洋房，住室裏添置最新式的傢具和家用電器，不再「編蓬水滸」。人們每次從遠海打魚歸來，每個小家庭全家人在小洋房裏過着「樂呵呵」的生活。老的一輩由於傳統觀念不與兒媳住在一起，同時由於長期慣住蛋家艇或水棚這種傳統習俗的影響，不肯登陸居住小洋房。晚輩只好聽之任之。有的將其父母的蛋家艇碇泊在離開自己新居不遠的灣頭，讓老一輩獨自居處。有的在其新建的洋房之旁另建一座小的「水棚」讓父母居住。在珠江口漁港區附近，經常出現這種現象：兒子、媳婦、孫子居住小洋房，老父母仍蹲在破舊的蛋家艇裏自烹自煮過日子。兒子、媳婦帶着孫子出海作業期間，作父母的不肯去為兒子看守小洋房，讓小洋房重門深鎖，自己仍守着自己的殘舊蛋家艇。新舊兩種居住方式並存，體現出新舊兩種不同的居住思想在衝突，構成珠江口某些漁區社會的一種特殊現象。

註釋

1 有關本段茅崗水上木橫建築遺址的發掘所發現的情況，
  乃據楊豪、楊耀林《廣東高要縣茅崗水上木橫建築遺址》
  以及楊豪《茅崗遺址遠古居民族屬考》兩文的報導和論
  述。這兩篇文章，同刊於《文物》1983 年第 12 期。

2 茅崗遺址年代問題的爭論，乃據以上兩文所述。

3 見《全唐詩》卷四百六十八。

3 混亂時期江河上的勒索和買路錢

　　20 世紀的一二十年代軍閥混戰，三四十年代抗日戰爭以及戰後動盪，珠江三角洲這片富饒的地段，所有河、滘、港、灣水道，當地封建豪紳以及各股土匪，各霸一方，劃分勢力範圍，誰也不能越界。這些豪紳、土匪，在自己勢力範圍裏打家劫舍，搶掠過往輪渡，綁架旅客作為肉票，勒贖鉅款。豪紳土匪與豪紳土匪之間，有時因利益衝突互相火拚；絕大部分時間則互相勾結，互相聯合，互相維護，共同魚肉鄉民和水上居民。

　　這些土匪頭目和豪紳，均養有一批僂儸、打手，並在自己勢力範圍的重要水道旁和陸路旁設立所謂「堂口」[1] 收取「行水」[2]。這樣的社會環境，陸上居民固然遭殃，水上居民更倒霉：打到的魚最好的最美味的，要將之孝敬「堂口」的土皇帝及其大小僂儸，平常還要向他們繳交各種名目的費用，這些費用有如下 13 種之多。

① 行水錢

　　民國時期，不管哪條江河要津都有地方哨所或守衛

清代外銷畫中的豪紳

棚廠，在那裏住上幾個穿制服的鄉勇，或住上幾個穿便服掛着盒子炮的土匪。這些鄉勇或土匪均有自己的土頭目。這個土頭目死了又有新的土頭目繼起。例如廣州東郊南崗鄉附近珠江河面的墊頭基，20世紀30年代初那裏有個名為「肥仔九」的土頭目，專幹殺人放火和搶劫的勾當。40年代初肥仔九死後，代之而起的又有四大天王。第一大天王麥威主宰當時這一帶的公田，他在農業上進行掠奪和搶劫，也即是在水稻黃熟時統率打手駕着船到別處侵佔他人已熟之田，即所謂「搶割」。這種掠奪風氣在明末清初期間在珠江三角洲沙田裏相當流行[3]，到

了 20 世紀 40 年代，流風仍未止，當時麥威便幹這樣勾當。第二大天王麥英，他把這一帶的水上居民打魚船艇全部主宰起來，漁民打到的魚，全部進入他所設的「魚欄」[4] 裏，護他賤價收購。第三大天王麥希，他不主宰當地的禾田，也不開設漁欄，直接糾集二三十個土匪，自己當頭目坐鎮塾頭基，收來往船隻以及水上居民「蜑艇」的「行水」（實際是買路錢）。第四大天王麥添，表面是該地的聯防大隊長，其實是土匪頭目，與麥希狼狽為奸。這四個麥姓天王乃四兄弟；其父麥耀生，被稱為「王上王」。第二大天王麥英的兒子麥沛基，年紀輕輕，也是幹土匪這個行當，見財物就搶，看中哪一個年輕少女，也要將之搶到手。當地水上居民稱之為「生閻王」。在那混亂年代，他平常穿上官家的制服大搖大擺，一遇上貨船來往他所霸佔的河道時，他馬上一變，變成土匪頭目，率領傮儸搶劫貨船，他既為官也為匪。當地堂口有些由他直接指揮，他收取「行水」時一分也不減。

民國後期，不管任何水道均有這類人物所設的堂口收取行水。番禺有市橋皇帝李朗鷄，東莞有東莞匪幫，西江、北江、賀江各地均有當地的「大天二」（土匪）

水上居民沿江捕魚越過某一堂口轄地進入別一堂口轄
地，就要向別一堂口繳交「行水」（即是買路錢），總
之每到一處，就要向當地堂口交費。

②　漁埠錢

20世紀40年代以及40年代以前，打漁的水上居
民，於晚上，大家都匯聚在一定的地點碇泊住宿。這
樣，無形中構成一個匯聚點：這便是所謂漁埠。這個匯
聚點當地豪紳在岸邊設立出售柴、米、油、鹽的商店，
並設立收購鮮魚的「魚欄」，就地加工醃製。凡是碇泊
在這裏的船艇，由埠主（當地最大的豪紳充當）派人向
每隻船艇收取漁埠錢，每月收取一次。若是開到別處碇
泊，另外向新碇泊處交納漁埠錢。

③　寮底錢

若是水上居民在岸邊架設水上干欄居住，這樣又要
被當地豪紳收取寮底錢。

④　看更錢

這是當地聯防大隊收取的。晚上，所謂聯防大隊，

派出一至兩個鄉勇在江邊哨所裏睡覺，美其名曰「看更」。在一定的時間，使一人在炮樓裏打更報時，向水上居民收取「看更錢」。凡是夫婦成雙的均要交錢，寡公公或寡母婆則免交。

⑤ 睇禾錢

有些地方稱之為「睇禾錢」，也有些地方稱之為「割禾錢」。夏收和秋收期間，鄉勇巡視田間，巡視江岸，防止別處豪強率領打手前來搶割已熟的稻穀。不種田的水上居民也要繳交睇禾錢，理由是養活鄉勇以保地方安寧，以免別地豪強率眾前來騷擾。這種收費辦法，各地不一，有的地方只於秋收期間收取，夏季免收；有的夏收秋收兩造都要收取。不管什麼時候收取，水上居民難以倖免。

⑥ 麻籠錢

這也是當地豪紳巧立名目，向水上居民徵收的稅項，每年徵收一次。他們徵收理由：水上居民每隻「蛋艇」均有麻籠，這是一件生產工具，可以在水上掏蜆，也可以掏蝦，應予徵收稅項。

⑦ 神祇錢

在廣州東郊南崗、黃埔一帶所有水上居民，均崇拜廟頭鄉的南海神廟（廣州市的人稱之為「波羅廟」）。每年舊昏二月十三，波羅廟誕辰，這一帶地方豪紳向水上居民徵收「波羅誕錢」用以祭祀達奚司空。在珠江口深圳灣岸畔也有一座「赤灣媽祖廟」每年誕辰，當地也要向匯聚於附近的水上居民徵收拜神錢。至於別的地方不收波羅誕錢和拜赤灣媽錢，則收拜北帝錢。西江肇慶、德慶一帶水面，每年要收拜悅城龍母廟錢。舊曆七月，處處都要收取燒紙衣錢。這些收錢的事務均由私人向當地豪紳承包，逐隻船艇分攤。對水上居民來說，這又是一筆負擔。

⑧ 花紙錢

一百年前，珠江三角洲有過一個非常荒唐無稽而又殘酷的傳說；凡是染上麻瘋病的男子漢，多找幾個姑娘，自會痊癒。由於這樣荒誕傳說的流毒，一百年前曾發生過麻風漢強姦水上居民婦女的殘酷犯法事件。水上居民在歷史上被陸上豪紳及其狗腿所排斥和欺負，處於低下地位，偶然碰上麻瘋漢，會惴惴不安。豪紳及其狗

腿藉此名目向水上居民徵收「花紙錢」，定期派出一二
名鄉勇巡視河岸一周，美其名曰「保護水上居民」。
事實上，從民國中期起，一般麻風病人均被收容於當
時宗教團體和慈善機關所主辦的麻風病院裏。例如20
世紀二三十年代，當時東莞縣便有德國宗教團體所辦
的「沙潭麻風病院」，長期免費收容當地大批麻風病患
者。其他縣市亦有相類似的機構。有些麻瘋病人，若
不進麻風病院的，也不敢出門，或獨自處於荒山野嶺中
結棚而居，自耕自食。市面上不會有麻風病人出現。豪
紳鄉勇卻藉古老事例來恐嚇水上居民，藉此向水上居民多
收幾個錢。

清代外銷畫中的鄉勇

⑨ 瓜子錢

收這種錢的理由是用於養活村裏的盲人。凡船艇居民討媳婦的、嫁女概要交瓜子錢。沒有婚嫁喜事的船艇，每年亦要交一次瓜子錢。名義上是這麼說，實際上除了拿出一點點養活盲人之外，大部分則由豪紳及其打手將之吞掉。

⑩ 埠頭錢

粵語方言呼碼頭為「埠頭」。水上居民的船艇裏死了人，將其屍體抬上岸去掩埋，概要向埠頭（碼頭）主人交「埠頭錢」。理由是死人從他的地段經過，收點錢用以拜土地神驅邪。

⑪ 洗網費

每次捕魚回來，大張魚網，要在江邊用淡水將之沖洗乾淨，然後在岸邊草地上攤開曬乾，以求耐用。水上居民自己幹這樣工序，也要向當地漁埠埠主交「洗網費」。

⑫ 欄口的佣金

水上居民將所捕的魚送進漁欄的門口賣給欄主，欄

主將之過秤後照價付款，只付給水上居民九五折現款，剩下這百分之五款項被扣下作為佣金，由魚欄欄主和店員分掉。

⑬ 節禮費

舉凡農曆年初一（春節），五月初五（端午節），七月初七（乞巧節），八月十五（中秋節），由漁埠埠主或保安隊頭目，甚至霸佔一方的土匪頭子，按船艇計，每艘要收一些錢作為這些豪霸及其狗腿子的過節費。

⑭ 壯丁費

舊時代，若是碰上抽壯丁當兵，當地豪紳亦要水上人家交壯丁費，讓他們將錢僱請一個人去當兵。

水上居民負擔是重的，並且又常常受到惡勢力的欺負。抗日戰爭期間，廣州市東郊南崗卿塾頭基土匪頭目肥仔九，強搶當地江面上一位水上人家姑娘，引起這一帶水上居民極大的憤慨，並且大聲唾罵。肥仔九接到僂儸的報信，老羞成怒，於一個夜裏放一把火，把這一帶四十多家水棚全部燒光，使到水上人家駕着艇逃難到珠江下游四處漂流。在廣州市區「河南」東部近郊新洲、

深井附近，有一段河面名為「江瀝海」。在江瀝海岸畔居住着許多水上人家，1943 年夏當時盤據於黃埔港的日本侵略軍水上部隊認為江瀝海有抗日人士出沒，亦曾放一把火將江瀝海的一大片水上干欄全部燒光，弄到原居於江瀝海的水上人家在江河裏四處藏匿，怕碰上日本的機動船而被捉住斬首。

20 世紀 40 年代中期，抗日戰爭剛剛結束。於廣州市黃埔的漁珠和長洲之間的江面，有一艘疍艇艇主名為麥四，是一位寡婦，她與她的 15 葳獨生子相依為命，每日靠渡客過江來維持生活。一天，這個水上少年正搖着艇向長洲岸邊駛去接客過江。當時岸畔站有幾個腰間插着左輪手槍的大天二。一個大天二突然拔出左輪手槍無端端向這位水上少年射來，這位少年應聲倒在艙中。麥四正在艇尾煮飯，聞聲向中艙回望，自己心愛的兒子正倒在血泊中。岸上幾個土匪哈哈大笑，在誇耀開槍者槍法的準確。麥四在艇裏抱着兒子的屍體哭得死去活來。鄰艇聞着麥四悲慘的哭聲，紛紛前來照應，協助麥四處理屍體，抹乾血跡，辦理後事。在岸邊的這幾個殺人犯卻狂笑着，手舞足蹈，踱向村裏去。

1965 年我在長洲「洪聖沙」水上居民區居住時，

麥四猶含着眼源為我述說自己當年這段悲慘的苦難史。動盪年代這類事件太多了。

　　20 世紀一二十年代以至三四十年代那一系列軍閥混戰的日子,以及抗日戰爭期間和戰後的動盪的社會,水上居民苦難重重;至今六七十歲的水上老者,猶能詳細的為我們縷述。在那些苦難的日子裏,水上居民被殺死的,缺糧被餓死的,無醫無藥病死的,實在不少。

註釋

1　「堂口」,過去勸亂時代,珠江三角洲土匪幫一句常用語。這乃指其土匪窩組織所在地出入口處。普通人則用之指那裏有土匪巢窩。過去,土匪必有其組織,號稱為某某堂。抗日戰爭後,盤踞伶仃洋龍穴島附近的有什麼「五龍堂」,盤踞珠江口的有什麼「飛龍堂」,均是一些打家劫舍,搶掠來往船隻的土匪組織。這些組織的土匪,珠江三角洲人民呼之為「大天二」。

2　「行水」原是珠工土匪幫一句用語。是指這條江水、河水和水面乃本土匪幫所有,船艇經這裏就要交「行水」。實際上就是收「買路錢」。

3　明末清初，珠江三角州豪強搶割他人田地情況，詳見屈
　　大均《廣東新語》卷二「沙田」一節所述。

4　廣州方言「欄」〔lan⁴〕，稱買賣鮮魚的商店為「魚欄」，
　　這個 lan⁴ 音，乃古南越語在廣州話中的殘存。詳見拙作
　　《關於廣州古南越音「地名」的一些問題》論述。該文刊
　　於《廣州研究》1986 年 11 期。

4 水上居民的鬼神崇拜

水上居民的宗教信仰是多種多樣的：

① 廟宇神

天妃　從港澳地區直到廣東西部濱海地區的水上居民都崇拜天妃神。他們認為天妃能保水上人的平安。歷史上廣州市有多間天妃廟；台山縣、陽江縣、電白縣濱海地區均有天妃廟。每年，逢上重大節日，當地水上居民均前往燒香朝拜。

天妃廟，因地而異，名稱上有所不同。東莞市莞城鎮有「水僂廟」，香港大嶼山亦建有被稱之為「水僂廟」的；增城縣一帶有「天后廟」，天妃、水僂、天后實際是同一水上女神，是水上居民膜拜的對象。

波羅廟神　這座廟即歷史上所稱的「南海神廟」。它座落於廣州東郊廟頭鄉（古之所謂「扶胥鎮」），始建於隋朝開皇十四年（594），殿閣巍峨。正門有清朝康熙御筆題的「海不揚波」石牌坊一座。這座廟，唐宋以來歷代皇帝都會派專人到廟中祭祀。廟內供奉一位名為

南海神廟

達奚司空神，他原是一位古印度相當於今天印度恆河南部具哈爾地的波羅國的使者，隻身來粵，死於這裏的海難。當地村人發現其屍體，遂將之收葬，立廟紀念這位出自印度的神，為廣州以東珠江水面直至虎門一帶的水上居民所崇奉，在以往每年農曆二月十三日，這座廟的菩薩誕，不少水上居民駕舟前來朝拜。其他地區的南海神廟多稱「洪聖廟」。「洪聖」是以前封建帝王給南海神的封號。

悅城龍母　在西江流域，有個悅城鎮，臨近江邊的地方有座龍母廟，供奉西江一帶水上居民崇奉的守護

神，每年不少水上居民到這裏朝拜；祈求保佑人與船艇平安，祈求水產豐收。

赤灣媽祖　處於深圳市西面的深圳灣裏有一處名為赤灣，灣旁有一座規模宏大的廟宇，所祀的亦是天妃（天后），是珠江口一帶的水上居民所崇奉的守護神，水上居民船艇經過這裏必燒紙錢，到廟裏朝拜的人都祈求廟神賜福。

② 精靈的崇拜

陸上居民所流行的神話傳說迷信習俗固然會傳播給水上居民，水上居民自身亦幻想出水裏有種種神祕事物，水上居民的精靈崇拜，乃由陸上居民傳播過來的迷信傳說，並結合自身的種種幻想雜糅而成。

水鬼　淹死的人會變為「水鬼」。他們相信天上有水神，水裏有水鬼。水鬼永遠泡在水裏不能超脫。水鬼要想從水裏脫身，則要拉一個活人將之淹死才得脫水而升於岸。故此凡有陸上人溺入水中的，在歷史上在舊時代水上人家一般不予援救，為的怕惹怒水鬼，他們認為若救起溺水的人水鬼拉不到替身，便會找救人者報復，使他溺斃。在這種意識支配下，水上居民

對溺水者一般不予援救。這樣又引起岸上居民意見。陸上居民認為「救人一命，勝造七級浮屠。」水上人見溺水者卻成為「見死不救」，於是相互之間，又產生重重誤會。這又成為陸上流氓地痞欺負水上居民的一個藉口。

水鬼的形象是怎樣的？誰也說不清；只認是一個黑色的形象，浮游於水裏，有時樓遲於水邊。水上居民為着不開罪於水鬼，農香七月十四晚上，陸上人們舉行「孟蘭節」（鬼節），水上居民也在水邊燒紙錢拜水鬼。

定風猴　認為這是一種潛伏於水中像猴形的怪物。若是人下到水裏碰上它，它會拉住人的腳跟在人們腳底裏開一個孔洞，把口湊到這個孔洞裏，將這個人的全身血液吸吮乾淨。這是水上居民和陸上居民，在意識上共同加工憑空想像出來的怪物。

海龍王　他們相信海底有龍宮，有龍王，手下有蝦兵魚將，龍王會撥起巨浪，會掀起巨大的波濤。

水裏精怪　他們認為水裏有精怪，水蛇固然會變成精靈，有些魚以及其他水產物也會變成精怪，這些精怪是招惹不得的。

③ 船裏的神位與水棚（干欄）的神位

　　船裏或水棚裏均在神寵處，用紅紙寫上一個「神」字作為在船中、棚中鎮壓一切妖怪精靈的護符。也有一些地方，船與水棚寫上歷代祖先神位，南海觀音菩薩，天后娘娘等神的名稱。

　　船艇上，被視為神聖的地方，乃是船頭和艇頭。

　　在水上居民的意識中船頭或艇頭，乃引導船、艇前行首要之處，又是人們上落和出入必經之地，他們並認為船艇在水上碰到精靈或妖怪，最先碰到的地方也是船頭或艇頭，船上的「神」或艇上的「神」顯威風，驅逐精靈鬼怪，那些精靈鬼怪也是從船頭或艇頭溜掉的。船艇頭部順利和興旺，整隻船或艇便會順利和興旺。故此水上居民認為整隻船或艇的頭部乃最神聖的地方。每年春節，人們用紅紙和黑墨寫上「船頭興旺」四個大字，貼在船頭或艇頭，理由乃在此。

④ 祭拜儀式

　　春節被認為是一年中最盛大的節日。春節這幾天，水上居民認為他們所崇拜的神都降臨匯聚於離地不很高的天上。故此，每户水上人家或在船頭或在艇頭或在干

棚朝天的地方拜天。他們以酒肉拜祭，敬迎各種神祇的
蒞臨，求其保佑。

　　春節過後，新的一年第一次開船時，要隆重的祭拜
船頭，以活雄雞和熟豬肉為祭牲，由男戶主跪在船頭叩
頭拱手進行祝福；再以利刃刺破雄雞的雞冠，滴塗在船
頭和船頭的兩旁，水上居民認為雄雞的血可以辟邪，可
以擋災殃，這樣做邪氣和魔鬼便不敢前來侵犯。滴完雞
冠血以後，燒紙錢放鞭炮，向水邊灑酒，然後開船，泛
向所要去的地方。

　　五月五日，亦在船頭焚香點燭，以豬肉為祭牲祭拜
水裏的龍。七月十四，在水邊沙灘或泥坦邊，焚香點燭
燒紙錢祭拜水鬼。他們想像中的水鬼於這一天晚上會蹲
在水邊，故此要在水邊祭拜。

⑤ 祭拜水棚的底部

　　水上干欄（水棚）乃在岸邊架設，棚的底部幾全是
淤泥，過去水上居民意識上最擔心淤泥裏藏有妖怪和精
靈，若是被認為那裏藏有妖怪和精靈，在水棚上邊居住
的人，日間會心神不安，晚上會作惡夢，有時耳旁會隱
隱的聽到精靈的怪叫聲。

人們為求得心理上平衡，居住平安，每個節令，戶主在傍晚時候，在水棚底下燃香點燭，燒紙錢祭拜棚底淤泥。若是戶主常在夜裏作惡夢，或心神不安，則被認為這是妖怪精靈在棚底淤泥底下在作惡。戶主趕快請男巫或女巫（鬼婆）到棚裏作法驅鬼逐怪。男巫、女巫作過法後戶主仍是繼德作惡夢，這家人只好將這座水棚拆掉，搬到別處，架棚而居。若是遷到別處戶主或成員仍是經常在作惡夢，這一家人認為精靈跟蹤而至，又進行祭拜或繼續遷居，直至家裏人心緒安寧為止。

⑥ 祭牲

水上居民祭神所用的祭牲，一般以鷄、豬肉、水果、瓜菜、蛋類、酒水為之。這幾種東西中最重要的是豬肉。他們不肯用魚或其他水產品作為祭牲，在他們意識中認為祭拜神、鬼，其中必有水神、水裏的精靈前來享用；以水產來拜神拜鬼，等於把水神和水裏精靈的子孫拿來烹煮請其享用，這會觸怒水神、水鬼、水怪，故此不肯用水產祭拜鬼神。若戶主窮得買不起鷄和豬肉，他們也會買幾件果品或花生和酒水進行祭拜。

總之，水上居民宗教意識有着他們自身的特色。

5 水上居民的衣食

珠江口以及廣東省沿海海濱，水上居民衣着，在歷史上會以「蕉麻」（Musa texilis）作為纖維織成布料穿之。[1] 唯近代，這種以蕉麻織成的布已不復見。衣料多以洋布為之。20世紀50年代以前：婦女一般穿着是藍色、青色、黑色衣褲。上衣為大襟，鑲上深色的大邊，她們的款式與陸上居民有着明顯的分別。夏天，人人戴上一頂以細竹篾編成有深彎帽緣的圓頭竹帽。冬天所有婦女喜歡包上一條黑色頭巾。20世紀50年代以前女的服裝不管是冬或是夏，都是長袖上衣。

男性所穿的都是民間普通唐裝，與陸上居民裝束無異。行路時男的上衣多不扣紐，敞開前胸而走。夏天，南方天氣炎熱，男的不管在艇裏、船裏或在岸上，上身

疍民傳統服飾

是打赤膊，下身則穿短褲，這種短褲粵語方言稱之為「牛頭褲屈」，這乃是便於水上作業，並且為了涼快而穿之，穿上這種牛頭短褲，跳下水裏幹活，短褲濕透，上岸時在太陽下打幾個轉，濕的短褲很快會被晾乾。

歷史上水上居民曾長期赤足，不穿鞋子；不管在艇裏、船裏或登岸入市都是赤足。北宋秦觀曾有一首詩加以提及，足資證明：「粵女市無常，所至輒成區，一日三四遷，處處售鰕魚；青裙腳不襪，臭味猨與狙，孰云風土惡，白州生綠珠。」[2]「青裙腳不襪」這句詩便是指赤足而言，從 20 世紀 50 年代起，水上居民服裝開始發生劇烈的變化，少女穿上花恤衫、西裝褲、青綠色膠鞋；男的亦穿起中山裝和乾淨潔白襯衫、膠鞋。改革開放後男的更穿上新潮的衣物。夏天穿棉織 T 恤，冬天則穿漂亮的夾克。喜慶宴會，亦穿上西裝革履，女的亦以高級衣料為衣，近幾十年來男的女的在衣着方面起了極大變化。

至於圍頭的，向下彎曲，構成一圈厚厚的垂直帽緣的竹帽子，這是水上居民長期與大自然打交道創造出來的一種特殊形式的竹帽子。它的彎邊特別厚，這是有其物理作用；在海上固然可以擋住強烈的陽光，光被直射使之不至於直刺眼睛。同時可以使人在水面作業

時能保護自己的眼瞼。擋住水面反射的陽光，使視線正常，能清楚地看到周圍和前方。水面吹來各種風，其風力會比陸上的強勁，戴上普通帽子很容易被風吹翻掉到水裏去，就是繫上帽帶也會被風吹得上下折騰。不便於幹活。若是戴上這種圓頭帽子，在下額裏繫上帽帶，由於它有厚厚的彎邊，帽的面積小，構成阻力也小；風吹來時，一嗖而過，不會將之翻掉。若是在強烈的陽光下或大風大雨時，戴上它均能自由自在地幹活。

　　20 世紀 50 年代以前，雨天裏，多穿上用棕樹皮編織成的簑衣；50 年代以後，開始用天然橡膠所製成的雨衣。60 年代以後使用塑料雨衣。這方面近幾十年來發生極大的變化。

　　在食的方面，主糧乃是白米。這種白米，乃以打來的魚蝦或蜆賣給陸上居民，得到錢後再買回來的。

　　副食多以水產為之。中華人民共和國成立以前，由於生活貧困，要擔負無數徵收和各種費用，打到的上等魚除孝敬當地豪紳以外，全部售給岸上居民，以換取錢財。剩下的魚仔蝦毛以及售不出的死魚，霉爛的水產，則將之醃製或曬乾，貯起來作為副食。他們雖然每天都能打到許多優質的鮮魚，自己不願也不敢將之用來佐

膳，一般將之賣掉。清初屈大均《廣利墟》詩描述當時西江下游高要縣的蜑家售魚情況，說：「魚賤無人買，柑多任客嚐。」[3] 魚價平賤，有時好的上等的魚也不能賣掉，壞的魚、死的魚更難銷售，擺賣一整天，餘下的好的魚也會變壞，只好將之醃製作為自己佐餐之用。日日去打魚，打到的魚均有積壓，有一部分要將之加工曬乾，作為魚乾出售。

兩千年來，水上居民代代相因，吃醃製過的陳腐魚蝦或吃曬乾的魚，不敢吃也不願吃新鮮的魚，這一點形成影響這個羣體健康的一種不利因素。

佐膳的瓜菜，因為要用錢購買，以往吃得也較少。攝取到的營養有某些不足之處。20 世紀 50 年代以前，他們口渴時，便用水瓢在當地河面打水來喝，因之不時會染上痢疾。1945 年時廣州霍亂流行，廣州珠江水面的水上居民，好些人染上這種傳染病死去。50 年代起，科學知識逐漸普及，他們才不再喝生冷水，改飲冷開水得以免除痢疾。

酒，一向為水上居民所熱愛，逢年過節，一般都是喝上幾杯。平常也會喝點酒，在西江、北江、東江中游、上游船工撐着船或拉繾上灘要花費相當大的氣力。清初屈大均《夜上灘江作》說的「水落灘更高，我船

苦難上，舟子聲淒酸，榜歌不能唱」[4]，還有在北江寫的《自胥江上峽至韶陽作》32 首詩中第七首裏說「棧閣飛巖外，橧巢古木中，縴夫歌有哭，聲與斷猿同」[5]，詩中「舟子聲淒酸」「縴夫歌有哭」，正表達出當地水上船工幹活時的艱苦情況。一天辛勞疲累不堪，故此水上居民歡喜喝點酒以鬆弛筋骨，使之能從疲憊中解脫出來，絕少狂飲而爛醉。飲食中酒是他們的一種重要飲料。

珠江三角洲以及濱臨南海海濱地段乃產糧區，同時也是產糖區，陸上居民在夏天嗜糖如命，經常要飲糖水。過去，水上居民由於經濟條件所限，只能在春節時蒸些黃糖糕、九層糕作為節日食品，端午節和中秋箭才煮些糖水喝，平常沒有吃糖水的習慣。

近十年來，珠江口一帶經濟不斷向前發展，水上居民隨着當地經濟情況的改善，衣和食的形式與前亦大不相同。男女的衣着都趨向新潮，假日則聯合一羣鄰居親戚朋友上餐館吃美味珍饈。出入以摩托車、小汽車代步，完全改觀。

在歷史上船工以大竹筒作為水管，做成水煙筒，閒暇時用它抽上幾口水煙，以消磨時間，近十年，年青人已將之棄掉，改抽香煙。

　　唯各地經濟發展不平衡,各地水上居民衣食形式
也有極大的差別。在北江和西江上游,當地經濟發展速
度遠不及珠江口,因之衣着、食物的變化遠遠不及珠江
口那麼大。加上各條江河的水質,受到當地工廠排放出
來的污水和廢液的污染以至江河生態環境發生惡化,水
上居民在珠江上游、中游每天捕得的魚蝦量,遠遠不及
20 世紀中期所獲得的數量。捕得這麼小量的水產物,
售出所得,除了用於再生產以外,所餘無幾。因之珠江
水系上游和中游的水上居民,在衣食這方面變化後慢,
無法與珠江口水上居民相比。

註釋

1　參見南宋楊萬里《蜑后》詩所說的「緝蕉為布不須紗。」
　　(此詩收在楊萬里《誠齋集》卷十六)

2　見宋秦觀《淮海集》卷六。

3　見《翁山詩外》卷九。

4　同上書卷二。

5　同上書卷九。

6 水上居民的疾病

根據我個人長期調查：水上居民的疾病有「歷史上」的傳染病，有當今現存的常見疾病，下面分為這兩大類談談：

① 歷史上的傳染病

瘧疾　這種疾病的感染，過去主要由於貧窮買不起蚊帳。人們睡在水棚裏或睡在艇上，任由蚊子叮咬，況且水棚或艇的碇泊處概在涌滘邊緣，那裏均是蚊蟲叢生之處；再加上當繾夫的拉上水船，行走於岸邊叢草漫生的地方，易受草裏的蚊子叮咬。他們若是幹築堤圍造田的活，晚上露宿於草坦邊，亦易受蚊子叮咬，故此水上居民過去染上瘧疾的較多。那時，他們住地距離醫院較遠，醫院收費也較高，他們難以承擔。那時，只有靠山草藥。山草藥療效有限，故此歷史上好些水上居民死於瘧疾。

皮膚病　只因與不潔的水接觸感染而成，過去水上居民染上皮膚病的也只能以山草藥治之，對於這些癬疥傳染病，山草藥可以收到一些療效。

痢疾、霍亂病　歷史上的水上居民，大小便拉進水中去，口渴時亦就那裏水面打瓢水來喝，所以他們易患痢疾，在城市裏、若碰上霍亂流行，城市的江河水面會受到污染，那樣水上居民便遭殃。民國中期廣州市曾流行霍亂病，發生過這樣的事情：一家水上居民全染上霍亂病，全部死在艇裏，無人為之收殮。

改革開放以來，由於社會衛生條件大大改善，人人均有蚊帳，各處均有醫療機構設立，痢疾、瘧疾、霍亂病均得到有效的控制和防治，人們的健康便得到保障。

② 目前常見的疾病

風濕病、鼻炎、痔瘡病、胃病、翼狀胬肉病等仍在

近代蛋家人的生活環境

折磨着水上居民。

風濕病 冬春季節水上居民仍經常泡在水裏幹活，這樣，身體易受風寒侵襲，他們所幹的活均是重活，消耗體能較大，若不能及時補充體內所需的「熱」和「能」，不能及時從勞累中恢復過來，容易為病毒侵襲，患上風濕病。水上居民上了年紀的，多患這種病。目前仍沒有特效藥。這是水上居民常見病之一。

鼻炎 人們生活在水面上，水面的空氣所含的「水份」比陸上的為重，其氣溫變化亦大，長年累月作業於大江河大海洋的水面上，長期的不斷的受到這種含水份較重的空氣對鼻腔的刺激，同時並受到氣溫變化的刺激，遂易患上鼻炎（包括過敏性鼻炎），這亦是水上居民常見病之一。

痔瘡病 這也是由於工作環境和生活環境所形成的常見病。水上居民侷處船艇裏，極少走動，除了幹活外，經常坐在船艙中。夏天，在沙灘上曬漁網，沙灘上熱氣蒸騰；累時，坐在發燙的沙上或石頭上休息，也會傷害肛門的正常機能。水上居民患痔瘡的，以男性為多。

胃病 水上作業是一項繁重而又艱巨的勞動，消耗體力相當大。這樣勞動容易飢餓，但船工艇工經過相

當時間的勞動，才捱到吃飯的時間，那時飢腸轆轆，有些船工艇工為求耐飽，因之多吃儘量吃，吃過後稍事休息，又從事繁重的勞動，這樣便容易犯上胃病。加上人們平常於船中或艇中只能蹲着坐着。這樣的生活環境和勞動條件，亦會使人易於犯胃病。

翼狀胬肉病　這是屬於眼疾方面的病。中山大學人類學系黃新美教授對這種病曾作過專門調查和研究，並發表過專文。[1]

黃教授曾在珠江口檢查和觀察 20 歲到 60 歲的水上居民共 800 多人，發現他們有 580 人（約佔總數的 72%）有着不同程度「進行性」發展着的翼狀胬肉病。[2]

這種病究竟是怎樣的？這就是在眼瞼裂部的內側，增生的球結膜和球結膜下組織呈三角形隆起的病變組織，三角形的底部對着鼻部，尖部向着眼角膜生長，此病變組織形似翼狀張開，故稱為「翼狀胬肉」。這種病在其胬肉上有平行的血管，當病情靜止時，胬肉裏那些血管不充血，形成胬肉平薄，使人沒有什麼不舒適感，若是處於病情發展期間，血管裏充血，形成胬肉肥厚，刺激眼睛流淚，眼球灼熱，感到不舒適。

形成這種病狀與職業有着密切的關係。水上居民

經常出海打魚，在海上作業時強勁的海風帶着有鹽份的海水沫撲向臉部和眼睛。長期生活於這樣的生態環境裏，水上居民的眼睛不斷受到刺激，遂導致他們患上這種病。水上居民由於經常出海打魚，出海時間也較長，船上所帶的淡水只能節約的用，於飲食方面平常洗臉，乃用海水，日子一長，這又成為另一種對眼睛的慢性刺激。這是「翼狀胬肉」發病率較高的兩個原因。[3]

　　風濕、鼻炎、痔瘡、胃病以及翼狀胬肉病，折磨着好些水上居民，是五種常見的職業病。

　　當前如何想方設法提高水上居民衛生常識水平，增強其本身的抵抗力，使之意識到防治疾病的重要性，乃是重要的一件工作。

　　例如胃病，船艇裏沒有適當的活動空間，飲食上沒有規律固然是一個原因，長期出海缺乏新鮮蔬菜和水果吃食，也會影響其腸胃消化，導致發病。翼狀胬肉因缺乏眼部保護器，飲食又十分單調，不是魚蝦就是蟹，缺乏新鮮蔬菜和水果吃，使到人體內欠缺多種維生素，這也是引起翼狀胬肉發病的另一個原因。

　　若是注意飲食，能吃到具有多種維生素的食物，讓體內很好地吸收，並注意保暖，增強體質抵抗力，這

對於抵抗鼻炎，抵抗風濕病毒侵害，起碼會起積極的作用。其次不坐燙熱的沙石和甲板以保護肛門，大腸機能正常以及適當的站起來活動活動，也是減少痔瘡發病率的一個辦法。

　　總之，提高水上居民對於防禦疾病的認識是主要切入點。

註釋

1　參閱黃新美《珠江口水上居民羣體常見的翼狀　肉的研究》，初刊於《南方人口》1988 年第四期，後收入黃新美編著的《珠江口水上居民（蜑家）的研究》，中山大學出版社，1990 年版。

2、3 同上文。

7 動聽的「鹹水歌」

　　水上居民喜歡唱自己的民歌，珠江三角洲的人們稱之為「鹹水歌」。中國著名民俗學家、民間文學專家鍾敬文教授於年青時曾於東江惠州一帶進行過調查和蒐集，將蒐集所得交給上海開明書店出版，書名《蜑歌》。中國另一位著名學者，原嶺南大學校長陳序經教授於民國中期曾於珠江河面廣州地段作過「水上居民」系統性調查，並蒐得好些「鹹水歌」，附於其專著《蜑民的研究》（上海商務印書館，1947 年版）後面。

　　過去，這些「鹹水歌」每於中秋月夜或是舉行婚禮期間，或是月白風清之夜，碇泊在珠江岸畔的蜑家艇聚攏一起，男男女女便唱起來。有時男的唱，有時女的唱，有時一問一答。歌聲迴旋飄蕩。

　　20 世紀 30 年代中期，筆者於青少年時代，於故里東莞市東江下游水面也聽過這些歌，他們是用東莞方言唱的，至今記憶猶新：

　　　　做嘜在涌頭早早掛起網呢？姑妹——

　　　　今日撈魚撈得多囉——

挺日開身開到始釘去呢？

挺日要到大汾撈魚蝦囉——

　　按：這首歌，第一句「做嗲」是粵語土音即「為什麼」。「姑妹」不是指女親屬，乃是一種拖長「裝飾音」，有時拖得很長「姑——妹——」。第二句「囉」亦是裝飾音。第三句「挺日」乃粵語方言，即是「明日」。「始釘」這是粵音東莞方言，意是「什麼地方」。「開身」亦是粵音東莞方言，即是「開船」。第四句「大汾」是東莞市一鄉鎮。

　　這種「鹹水歌」既有敘述生活的歌，亦有情歌，更有悲歎生活艱苦的歌。20世紀50年代以後，由於收音機的普及，以及工農歌曲流行，這種調子簡單，內容僅局限於水上生活的「鹹水歌」逐漸被閒置，不復唱；代之而起的是聽粵曲，唱工農歌曲。1985年筆者曾在廣州市濱江路向

民間收集的鹹水歌歌冊

一些陸居的原日水上居民家庭調查這類歌詞，已不可得。到目前為止「鹹水歌」的調子，僅於中山市西江支流的涌滘灣頭濱水而居的居民所唱的「民間小調」中，仍可以尋出其蹤跡。珠海市斗門區一些水上居民間中也哼幾句。以下，是我於 1986 年 7 月在斗門區黃金漁港所蒐集到的幾首歌詞：

唱支恭賀我姐歌

（唱）唱支秋歌恭賀我姐新安人

做起安人嫩尋尋；

捱盡許多艱苦唔在問，

捱盡許多艱苦做個新安人！

（答）多謝您來把話陳，

咬牙咁嫩做安人，

背有背成好多條背帶痕，

捱盡無數艱苦才做新安人！

古人的事問答

（唱）什麼人穿紅着綠作花衫？

什麼人手上挽花籃？

什麼人撈得朝時亦無晚？

什麼人殺嫂直上梁山？

（答）紅母娘娘穿紅着綠作花衫。

觀音手上挽花籃。

蒙正撈得朝時亦無晚。

武松殺嫂直上梁山！

果菜問答

（問）什麼開花窮對窮？

什麼開花滿天紅？

什麼開花浮水面？

什麼開花住在河邊涌？

（答）龍眼開花窮對窮

荔枝開花滿天紅

菱角開花浮水面

蕹仔開花住在河邊涌。（註：蕹仔即通菜）

瓜果問答

（問）什麼生來青皮皮？

什麼生來豆臉皮？

什麼生成頭帶帽？

什麼生成兩層皮？

（答）木瓜生來青皮皮！

苦瓜生來豆臉皮！

矮瓜生成頭帶帽。

海南椰子兩層皮。

動物問答（之一）

（問）什麼出世無腳踭？

什麼出海唔會返？

什麼無衣能抵冷？

什麼無腳住在田中間？

（答）黃牛出世無腳踭。

禾蟲出海唔會返。

田雞無衣能抵冷。（註：田雞即青蛙）

田螺無腳住在田中間。

動物問答（之二）

（問）什麼飛去又飛返？

什麼飛去唔會還？

什麼無衣抵得冷？

什麼孵仔住在田中間？

（答）白鶴飛去又飛返。

蠄蟧（即蜻蜓）飛去唔會還。

田雞無衣抵得冷。

丁冬孵仔住在田中間。

　　水上居民的民歌是豐富的，有待我們加以發掘，但這個羣體在地理上分佈卻十分遼闊，因此並非三兩個人可以完成調查和蒐集的任務，若是各地有人就近調查蒐集，必大有可觀。搶救這項民間文學遺產，有待南方各地的民俗學、民間交學工作者分頭努力，才能有所成。我在這裏僅提出這點建議。

8 時節禮儀與日常風俗

① 節日

水上居民的節日，基本上跟陸居人民的相同，他們一年到頭有四大節日：農曆元月初一初二初三過春節，五月五日端午節，七月十四日拜鬼節，八月十五中秋節。

春節，年中最重要的節日；人們不管在何處打魚：都要及時趕回原住地或原泊地過節，與住在那裏的親人團聚。若是在原住地搭有水棚的，則將船艇泊在水棚旁。若沒有自己水棚的，則跟自己親人的艇泊在一起，共度佳節。在這個隆重的節日裏人們要蒸些黃糖糕過節，並煮些眉豆粥，您請我，我請您；與親友一起共吃，共話家常。人們不能蒸「白糖糕」，因為「白」被認為不吉利，誰也不蒸。過了十五，便開船出發打魚；開船前，以豬肉、活雄雞為牲，由男的「船主」祭拜船頭，進行一些宗教性質的儀式；女的則躲在船艙裏，不予參拜。

五月五日端午節，這一天每隻船艇都在船頭祭拜水裏的所謂「蛟龍」。

　　七月十四是「鬼節」，人們認為這天夜裏，水鬼會出動，會從水裏浮起來，蹲在泥坦或岸畔的水邊，故此這一天夜裏每隻船艇都在水邊點起蠟燭和線香拜鬼，有錢的水上人家並在岸邊燒紙衣。這天夜裏，人們概不下水，也不幹活，怕惹怒水鬼。

　　八月十五「中秋節」，晚上人們點着燈籠掛在船頭，並備些芋頭花生拜月。這一天，水上居民不像陸上居民那樣隆重的對待這個節日，既不準備什麼「月餅」的餅食，也不殺雞殺鴨，只在晚餐加點豬肉，喝點酒便算過節。

② 婚嫁

　　水上居民乃由一夫一妻組成的小家庭。民國初期，男女婚嫁權全操之於父母。民國中期，有經過自己選擇而議婚的，唯仍以家長代擇為主。舊時代結婚男方要用現款作聘禮，封一包紅包（價值等於 300 至 600 的白銀銀圓）給女方，還送給女方一些餅食。然後由雙方家長共同商議，選定結婚吉日。結婚那一天，男方派出一位有兒有女、夫婦雙全的中年婦女（所謂好命婆），陪同新郎的姑媽搖着男方新造的「蜑家艇」前去接親。男

方的艇到達時緊靠女方的艇，由女方親戚中一位夫妻雙
全並有子女的中年婦女，揹着新嫁娘自女家的艇裏跨入
男方的接親艇裏，送進艇艙中，並陪着嫁娘到男家去，
這隻迎親艇便開行返回男方原泊地。夫婦在艇裏共拜祖
先、拜父母，新郎並拜艇頭，拜岸邊神，這時男方在岸
邊設席宴請親友。新娘嫁到男家第一二天不吃男家飯
米，新娘的兩餐，由女家姊妹用艇將飯送來。這種結婚
送飯的風俗，於 20 世紀 60 年代仍殘存於廣州市黃埔港
洪聖沙水上居民社羣中。第三天新娘乘着另一艇返回娘
家，探望父母，當晚回到男家。第四天新娘便吃男家的
飯，這時，整個婚禮程序才告完成。

水上婚禮

③ 喪葬

在舊時代年老的多病死在艇上，死後一天家人用草蓆將之包裹，用繩索捆紮好放在艇裏，以銀兩現款，向附近山地所有者購買一小塊山地作為墓穴，由親友抬扛上山掩埋。女的家屬披白頭巾、男的束白腰帶相送至墓地。稍有積蓄的則購買棺木將之安葬，並請男巫師在墳前誦一兩節經。沒錢的則不請男巫師，草草的將之埋葬。家人回到艇裏來將艇裏的甲板清洗，若是逢上陰雨天不能清洗，也要將甲板抹洗以驅邪氣。

他們對於掃墓，不像陸上居民那般重視，不一定在清明那一天進行，有空便前往先人墓地看看，除除墳頭草，燒燒紙錢，以表寸心。

④ 生子

舊時代多請舊式收生婆（珠江三角洲方言稱之為「執仔婆」）接生。陸上居民有陸上的收生婆，水上居民有水上的收生婆。民國以後，有些水上婦女開始相信西法接生，請助堂士接生，或住在助產所讓助產士接生。水上居民產婦產後，一般吃些羹湯用以驅風以防產後染上感冒，並吃茱萸湯，以防其他感染。生產後，鄰

艇不會來打擾。

⑤ 禁忌

水上居民最忌婦女跨過船頭尖端的地方。若是外來婦女要上艇裏來，他們更是積極進行防備，男的蹲在船頭拉住岸邊，讓外來婦女從船旁或艇旁上落。水上居民傳統觀念認為，婦女下體污穢，若跨過船頭或艇頭，這是褻瀆神靈的行為，會招來不幸。

吃飯時，碟上平平的放着一條蒸熟的魚、吃了表層的魚肉：可以繼續吃下層的魚肉，唯是不能求方便把碟上整條魚翻轉過來吃，若是這樣他們會不客氣的批評您，甚至為您整條魚翻轉過來意味着有覆舟的預兆。這是一大忌。

吃飯時擺湯匙也要擺得平平正正的，用過後也要平平正正的放回原位，若將湯匙翻轉，這亦是意味着有覆舟的危險。

不管登船或登艇或進入水上居民所住的水棚，進入之前，人們概要脫去鞋子才好進去。就是陸居多年的原日水上居民，他們仍保持這項風俗，要進其陸上所建的房子之前，也要脫去鞋子才能進去，否則被認為不

禮貌。這種習俗,在深圳漁民所建的別墅式洋房或在廣州市區「花地」濱江地方,陸居已二十年的原日水上人家,至今仍將之保留。

水上居民,不論住在水棚(干棚)聚居地或住在蜑艇上,人們都用籠子養有一些雄雞雌雞和鴨,掛在艇旁或安放在水棚入口處。若是黃昏天黑以後所養的雄雞啼起來,水上居民認為這是不吉之兆,他們認為一更雞啼會出現火災,二更雞啼會出現盜賊前來。

⑥ 婦女的勞動

水上居民男女共同勞動,小孩到了八九歲時,亦協同父母幹活。有關這一點清代阮元主修的《廣東通志》卷九十二擇引《粵東筆記》一書的資料,已有所敍述:「中婦賣魚蕩槳至客舟前,倏忽以十數。弱齡男女崽,身手便利,即張籠竿首,畫釣泥中,鱉、蟹、蛤之入,日給有餘,不須衣食父母。又舟人婦子,一手把舵筒,一手煎魚,槖中兒女在背上睡,垂如負瓜瓠。」足證水上居民婦女和小孩歷來勤勞能幹,就是在 20 世紀二三十年代,廣州市區珠江河面的流動艇販販賣日常生活必需品,亦由婦女充當。她們雙手蕩槳,倏忽駛至客

舟，購物者跟前需要什麼，迅速遞上，自己的小孩在旁加以協助，打魚期間，夫妻父女共同勞動，配合默契，更不待言。

由於水上居民婦女在勞動上佔着重要位置，故此，她們在家庭裏跟男的沒有輕重之分。親友前來探訪，男女主人均同時接待來訪者，沒有像當時陸上居民那樣什麼男對外，女對內之分。

水上居民男女均善泅泳，在風浪中均能穩然站立在艇中進行操作。掉下水，也能泅渡；除非是排山倒海的巨浪，才無法抵擋，一般江水均能泅渡自如。

⑦ 兒童

水上居民的兒童，過去一向生活在艇上或船上。父母為防備兒童掉到水裏去，當其一歲懂得爬行時，開始用長長的布帶繫在小孩的腰間，另一頭栓在船裏，以免出事。到了四五歲，父母改在其腰間繫上一個以水松（Glyptostrobus pensiis）根木做成的葫蘆，水松根木結構輕鬆，浮力大，做成為葫蘆實際是件浮水的救生器，至於要做成葫蘆形不做成其他形狀，這乃是因為中國傳統上視葫蘆形物品為一種神聖物品，水上兒童腰間

身上揹着浮木的蜑家兒童

懸掛着這樣器物，具有「辟邪」作用，實際上乃是一件極為頂用的救生器。若掉到水裏，這件水松根木做成的器物，利用自身的浮力能將小孩托浮出水面，使父母及其親友能及時將之撈起。故此水上兒童，人人必繫着這件葫蘆形器物。

當船艇在開行時，兒童在船上或艇上沒有什麼活動的場地；一當碇泊在岸邊，便與鄰艇小伙件一起，嬉戲於沙麓或草坦邊。他們長期沐浴着南方的陽光，膚色一般鞍陸居兒童黝黑一些；同時由於他們以米糧為主食，並多吃魚蝦沒有零食，故此身體均健康，皮膚色素黑裏帶紅這是水上居民兒童體質的特點。

9 水上居民的生活變化

水上居民在地理上分佈極為遼闊，世世代代浮家泛宅；或以疍家艇為居，或在涌滔、灣邊搭起水棚為住所，這種傳統生活方式直到中華人民共和國成立後才開始發生變化。

香港漁民採取合作社形式，促進生活的改善。至 1979 年止香港已成立了十間漁民改善生活合作社，分佈於十個不同地點的漁民村，他們利用生產所得利潤建造房屋，共擁有 751 個居住單位，居民人數約共11000 人。

在廣東首先登岸陸居的，是在珠江三角洲基南沙田區的水上居民。1952 年至 1953 年，那裏好些水上人分到一小塊一小塊土地自行經管；這些分到土地的水上居民從打魚作業轉變為農耕作業，整個家庭遂搬遷上陸，在田邊搭起干欄式茅棚安家。唯大部分不願上陸的仍在江河海岸捕魚，過着傳統的水上作業生活。

到了 1957 年，由於工業發展，珠江水系許多地區水質受到污染，漁業資源日形短缺，形勢使到他們要到

珠江口或到珠江口以外近海捕魚。增城、東莞、順德以及廣州近郊南崗一部分水上居民，遂分別遷到番禺縣蓮花山下「草坦」邊緣，遷到東莞虎門以外穿鼻洋畔伶仃洋畔建起新的漁港。新會縣、中山縣一部分水上民戶，遷至今日屬於斗門管轄的黃金鄉，建起新的漁村，俾便於到珠江口以及珠江口以外近海捕魚。

當時在廣州市區珠江河面仍有 3000 多艘蜑家艇，有的經營零售生活用品：有的經營「艇仔粥」「炒河粉」飲食業，有的作為橫水渡以渡人，有的載貨運貨，有的作為大船的交通艇。

當時廣州市珠江南岸（即今日濱江路）在 1963 年以前，原是一片爛泥灘，停泊着許多蜑家艇，經過社會上各方面的資助和支持，從 1963 年至 1965 年，這裏進行大規模填灘蓋房子的建築工程，陸陸續續的建起三層到六層的樓房，58 座面積達六萬多平方米，2600 多戶水上居民（共 11000 多人）於 1966 年開始搬入這些新的住宅。這是廣東水上居民歷史上第一次大規模登岸住進樓房的大搬遷。

廣州近郊的花地、芳村，過去也是集結着不少的水上居民，那裏也與建樓房使水上居民亦陸禮的變成陸居。

現以廣州市濱江路棄水登岸陸居的居民為例，他們的職業從過去單一的水上作業改成陸上的多種作業。現就其1966 年上陸以後至 1979 年從事工種情況，作些說明：

現代疍家村落

① 從事手工操作的和服務行業

這類行業，有的製造各種包裝紙盒和雪糕杯，有的幹車縫男女服裝，有的充當基本建設的泥水工、各種房屋維修工、鋸木工。有的幹理髮，修理單車，修整鐘錶以及製造各種塑料藥瓶蓋，製造兒童玩具，製造各種規格的竹鐵船篷。

② 從事五金工業

製造八角錘、圓錘、螺絲帽、各種金屬結構、恆溫爐等。

③ 從事製造機械零件工種

製造一些電動機、發電機、高速鑽床、簡易車床、一些鑄鐵業機器以及各種機械零件等。

④ 從事化學工業

主要製造各種肥皂去污垢的梘砂。

⑤ 起重操作

笨重貨物的裝卸、吊裝鐵木框架，打撈沉船的工種等。

此外，水上仍保留一部分人以傳統的木船和蛋家艇經營交通和水上運輸、裝卸貨物等。

到了改革開放後又起着大的變化，當地有中外合資經營的大企業，許多陸居已有十多年的原日水上居民又轉入新的企業裏工作。

廣州濱江路，從 1966 年起隨着大規模的水上居民上岸陸居，形成新的居民點，以後衛生、保健機構、幼兒園、小學、中學也辦起來，封建社會時代詩人所寫下的詩句「蛋戶兒孫不知書」，在這裏已成為歷史的陳跡了。

這是廣州市區珠江岸畔水上人家從水上登岸陸居變化的情況。

仍在水上繼續進行撈捕的，其經營方式，亦發生劇烈變化。這種變化以珠江口各個漁港所呈現出的情況最為突出。

從 1958 年起，不論在番禺縣蓮花山漁港，或者於東莞市虎門的新構漁港，或者珠海市的水上居民，開始進行水上的機械化作業，採用機輪拖網撈捕，一艘機輪拖着圍網或兩艘機輪拖着大張拖網，在珠江口以及珠江口外捕魚。20 世紀 70 年代以後，設備更形充實，船上開始裝備無發電通訊駛向海洋，並能保持與岸上不斷聯繫。麻質漁網浸上鹹水，易爛，不大適用於海洋撈捕，便開始試用塑料膠絲漁綱。那時我國所出的膠絲織成的漁網仍不能符合海洋上使用要求，於是向海外採購一些優質漁網回來使用。進入 20 世紀 80 年代，變化更大，各地漁港，已擁有 480 匹馬力發動機的大功能漁輪，隨時可以駛出公海進行撈捕。船上並配有雷達裝置，出海時不受氣候變化的影響，可以自由地航行。漁輪與漁輪之間有無線電對講機。航行中，可以保持聯繫。漁輪遠出海外，也能與自己原住地的鄉村管理區聯格。漁輪裏

並裝有定位儀：航行到什麼方位，也能了解到自己漁輪所處的經緯度位置。另外，又有觀測器，觀測深水魚羣活動情況，計算好數據，準備何時下網。輪裏並備有測量水深的儀器，得知所處的水域海水深淺情況。其他冷藏設備使到航海所貯的生活資料得到保鮮，保證生活供應。由於漁論的體積大，底艙所貯的淡水也充足，不愁淡水缺乏。

使用科學手段進行生產，撈捕量不斷地擴大。水上居民收入也不斷地增長，人們的生活不斷的得到改善。

1982 年下半年，我個人曾在番禺蓮花山漁港進行過調查，當時各户由於勞動力不同，儲蓄積累條件存在着六種形式：

① 以「疍艇」為家的。

② 杉皮、茅草為房頂的水棚（水上干欄）住舍。

③ 磚磴、瓦頂、杉皮墻的水棚住舍。

④ 一般平房式磚瓦住舍。

⑤ 兩層樓樓房式住舍。

⑥ 種花種草的小洋房式住舍。

六種形式中，當時乃以第二種、第三種「水棚為居」的在比例上約佔了一半，第一種以「疍艇需家」的

亦不少。到了 1986 年我們再次到那裏調查情況已大大地改觀，以第五種（兩層樓房形式）佔主要位置．

1988 年冬，我與中山大學體質人類學家黃新美教授、中山大學激光研究所助理工程師張勁研三人一起到東莞市虎門新灣漁港向東管理區進行訪問，所見到的居住條件遠勝於廣州新建的住宅區，絕大部分是美觀的小洋房，其中八成家庭擁有 20 吋以上的彩色電視機，七成家庭擁有電冰箱，15% 的家庭購置有電子遊戲機。全區適齡兒童入學率達 96%，小的，六歲以下的，多由父母帶在身邊，隨船出海。這個管理區有四條巨大的漁輪能開往遠洋進行撈捕。此外 60 匹至 480 匹馬力的大中型漁輪共有 80 多艘，他們開抵公海區所捕到的魚，就近向海外出售，因而收入較多。珠江口水上居民生活形式起着距大的變化。

至於珠江水系的西江中上游，水上人家，仍有不少人以艇高家仍過着傳統方式的生活。這由於地理條件不同，經營方式不同，資金積累不同，遂有所差別。我們不能說珠江水系水上居民的生活變化，全部像廣州市區濱江路那樣，更不能說全部像珠江口那樣，各個地區各有特點。

結　論

　　水上居民羣，是一個勤勞刻苦，人數眾多的羣體。
這個羣體在嶺南江海和福建沿海生活已有兩千多年。其
淵源與史前南方越族土著有關，秦以後，歷代滲進不少
陸上漢人於其間，互相匯聚，互相溶合，構成這個龐大
而鬆散的羣體。嶺南處處江河和濱海地段，無處不有他
們的蹤跡。這是南方漢族一個支羣。

　　歷代文獻稱這個人羣為「蜑」（疍），廣州話呼之
為「疍家」。這個「疍」，東莞、中山以及北江上游武
江，這些地方土音概稱之為 Ding[6]（粵音「定」），番
禺、南海以及廣東沿海等地的土音呼之為 Deng[6]（粵音
「鄧」），這兩個音實在相近。就考古文物來看，唐代留
傳下來的廣西僮（壯）族古方塊字，有一個字寫成為舥
（指小舟。）按：這個字左邊「舟」為形符，右邊「丁」

為音符；今天廣西僮（壯）語仍有稱小舟為 Ding[1]。可知這個僮（壯）族古方塊字舡原來讀法近似於粵語「定」音和「鄧」音。

「疍」一字，它實際上承傳於古代南越語對「小舟」呼之為 Ding[6] 或 Deng[6]，以相近於其音的漢字進行音譯，標為「蜑」（「疍」音）而造成。「家」在嶺南乃指「人羣」之意。「疍家」一詞，其原意是指那些以小舟（艇）為居室進行水上作業的人羣而言。這個詞原本不含貶義。這個水上居民羣對我國南方漁業的發展，對嶺南各江河三角洲以及濱海地區特別是珠江三角洲地方經濟繁榮，有其不可磨滅的功積。

這個人羣世世代代生活於江河和海濱；他們所過的生活方式文化形態上的表現，乃與其所處的生態環境有着密切關係。

反映於其宗教意識以及人的名字上，與水的環境固然有關，他們所戴的圓頭竹帽構造特殊，常見的疾病亦與他們所處的江海環境有關。他們能識別各樣魚類，看到水面裏所冒出的泡沫便知道魚羣在水下活動情況；他們看到天色的變化，會知道有無颱風的來臨。他們的技藝善於造船、製艇以及製造船上用具和打魚用具，這也

是與其所處的生態環境影響以及熟悉水域情況有關。

　　他們種植莎草，圍海造田，對這項技藝相當爛熟。艇家登上岸走路的姿態，兩腿之所以叉開，與其長時間盤屈於艇上生活有關。

　　這個龐大的人羣，飄盪於嶺南江、河濱海的水域裏。在歷史上，由於居無定蹤，時聚時散，故此少年兒童無法接受學塾式的文化教育，直至中華人民共和國成立後才結束這種被摒棄於學校之外的特殊現象，青少年和兒童便能進學校過着正常的學習生活。

　　這個羣體的歷史和現狀，以及各方面的情況，是值得我們深入加以研究的。現僅將我個人長期與這個羣體的人們交往，調查所得，筆之於書，其不當之處，望人類學家民族學家、歷史學家、民俗學家有以教之。

後　記

　　從我個人最初與水上居民接觸和交往算起，直至寫成這本書時間，經歷了 50 多個春秋。近 50 年來我能陸續深入各地調查和觀察，並有所得，實有賴於各方的善舉、大力協助和指點，否則恐難於實現自己事先所擬好的調查計劃，只能兩手空空而回。

　　1952 年冬，在海南島文昌縣，得到當地畫家楊焱教授的指引，才能找到舖前鎮附近「新埠」這個水上居民匯集點體驗生活。

　　1965 年秋，在廣州郊區黃埔港對岸「洪聖沙」「白兔沙」落戶，這是謝炎熹先生關照的結果。

　　1984 年，在海南島三亞市南海區調查，承華南農業大學古農史室青年學者吳健新先生陪同前往。1985 年夏，重訪三亞市水上居民聚居點，又得到浙江大學青年

學者廖平原先生同行。1985 年至 1988 年有機會在珠江
口持禮地工作，這與桂治繡教授、黃新美教授伉儷對我
的科學研究一直加以支持和關照分不開。調查過程中並
得到中山大學人類學系韋貴耀先生襄助。

貴州黔東南自治州民族研究所副所長、青年學者、
侗族知名人士王勝先生，為我提供貴州省從江縣邊緣
水上居民情況，極為可貴。

僅向以上各專家各學者、各位先生致以誠懇的
謝意。

水上居民知名人士，東莞市虎門吳慶桃先生，番
禺縣蓮花山鎮梁水添先生、石美先生，以及番禺蓮花山
鎮羣星管理區、東莞市虎門新灣鎮向東管理區、四新管
理區，珠江市泥灣區各負責人給予我許多關照和幫助，
使調查工作得以順利的進展，我在這裏謹致以真誠的
謝意。

更需說明的，以楊振軍教授為主席的「中山大學高
等學術研究中心基金會」，以李華鍾教授為主任的「中
山大學高等學術研究中心」於 1985 年至 1988 年在研究
經費上對我加以支持，使研究工作能繼續進展和完成，
謹向「基金會」全體董事及以上兩學術機構全體工作人

員致以衷心的謝意。

　　這本書能得面世，與香港中華書局及韓伯泉教授的促其成分不開。

　　筆者在這本書中力圖將水上居民羣體在嶺南地區經濟發展上所作出的貢獻如實地寫出來，若是讀者讀後對這個水上人羣有些清楚的認識，這便是對筆者最高的報償，筆者便感到心滿意足了。書中若有行文不當的地方亦誠懇的請求讀者加以指正。

張壽祺

1990 年十一月於中山大學人類學系

附錄

疍民的歌謠　陳序經

　　蛋民是很愛唱歌的。李調元在《南越筆記》卷一《粵俗好歌》條云：

　　　　蛋人亦喜唱歌，婚夕兩舟相合，男歌勝則率女衣過舟也。

　　其實蛋民唱歌不只限於婚夕，他們平日搖舟海中，觸景興情，隨時隨地都有歌唱。尤以女子為甚。俗諺所謂：「搖櫓唱歌樂過溶」正即指此。所以蛋民足跡所到的地方，都流傳着他們的歌謠。

　　蛋民的歌謠，據說淵源甚遠，可惜少有流傳。歷來載籍記述的蛋歌，只有李調元《粵風》第一卷中所載的三首，其中一首是這樣的：

　　　　鹿在高山喫嫩草，

　　　　相思水面緝麻紗，

　　　　紋藤將來作馬騎，

　　　　問娘鞍落在誰家？

　　這大概屬於情歌之類，然係廣東何地蛋民所作，則殊無可考。

　　其次，乾隆間花溪逸士編的《嶺南逸史》第三卷第

十回中也載有蜑歌四首。現在我們把它抄錄如下：

> 手捻撚梅花春意鬧，
>
> 生來不嫁隨意樂；
>
> 江行水宿寄此身，
>
> 搖櫓唱歌樂過溍。

> 官人騎馬到林池，
>
> 斬竿削竹織筲箕；
>
> 筲箕載綠荳，
>
> 綠荳恨相思；
>
> 相思有翼飛開去，
>
> 只剩空籠掛樹枝。

> 雲在水中非冒影，
>
> 水流影動非身情，
>
> 雲去水流兩自在，
>
> 雲何負水水何縈。
>
> 撥掉珠江十二年，
>
> 慣隨流水逐嬋娟；
>
> 青嶺難種君莫種，
>
> 愜雨堪憐君莫憐。

　　這四首所謂疍歌，詞句文雅，或係文人仿製或刪改，未必盡係疍民所作。但就使係文人仿製或刪改的，大致仍未失去疍歌的風調。

　　到了現在，疍民的歌謠，往往隨各地的方言而異，福建沿海一帶的疍歌，固然與廣東的疍歌不同，就是廣東潮州的疍歌，亦與廣州一帶的殊異。福疍的疍歌，我們今日所知較少，鍾敬文先生所著的《疍歌》一書，其中所採集的大致上卻是限於廣東惠州一帶的。

　　著者年來於廣州沿江一帶的疍歌，曾注意蒐集，所得不下百首。可惜「七七事變」後，遺失多半。現在所存者，不過一小部分。茲特把它分別整理敍錄於下……

19世紀中業，閩江邊整整齊齊停靠着疍家艇

廣州蜑民的女子，大多數是很好的歌手，有一首流行的歌謠是形容他們的，名叫做《蜑家妹賣生果》，如下：

你如果妖孽，整得咁排頭，（咁排頭；這麼華艷也）時常賣俏惹人嚫。（嚫，愛也）

你妝扮咁銷魂，瞧睇到透，（瞧，值得也）

唔搽脂粉格外風流。（唔，不也）

做乜你重花紅辮團成珠，（做乜，為什麼也）

耳環翠色半含羞？

一雙淫眼襯住櫻桃口，

個件藍衫盆發惹人愁。

懷褃着胸前遮住兩臼，（兩臼，乳也）

一毫香港扣在襟頭。（蜑民多以香港銀幣作紐扣）

下着烏褲一條光到滑溜，

青蓮褲帶露出兩個絲球。（青蓮，紫色也）

腳鈪打成蓮子藕，（腳鈪，腳圈也）

水磨雪白足踭頭。

你行動猶如風擺柳，果籃水挽咁就兩頭遊。

聲言香荔兼共糖蓮藕，

香蕉菱角潤得你喉嚨，

沙梨更重桑麻柚，

夏茅芒果美味珍饈；

櫻婆熟透依開口，

重話石榴一對遂你心頭；（重話，還說也）

至好係西瓜，君呀，你紅都食透，

恐怕你甜橙得食又番頭；（番頭，回頭也）

石圍楊桃真正滑溜，

有樣香甜圓眼出在平洲；

白欖心思嚐不歇口，

菠蘿蜜味會水流流。

果色咁多問你邊樣中意來消受？（邊樣，那一樣也）

佢重乍作嬌聲言語弄出鶯喉。（重乍作，還佯作也）

或時倚在你煙床口，

放斜淫眼把你魂勾；

個陣荷包亂跮共佢細講情由。（個陣，那時也；跮，動搖也）

好似火憑乾柴燒到透，

走埋靜處共佢訂盟勾；（埋，近也）

點曉得佢係疾女宗師把你三代來根究？

他日鼻渧渧眼請請實見心憂；

不滿百日手指又攣，面會打臼，（打臼，結瘤也）

行運到腳板穿時更重愁，（行運，指傳染；腳板，腳底也）

就係唔會發瘋防佢花柳；

千祈不可共蛋女交遊！

每年舊曆中秋節，可說是蛋民重要的娛樂節日，在明月之夜，他們把艇舶在一起，唱歌為樂，他們叫做唱「姑妹」。男女蛋民，這時候就是他們施展技能的時候了。在廣州市的石湧口，南石頭一帶，都舉行這種集會。

「唱姑妹」的時候，一任外人鑒賞。有些在紫洞艇上，更舉行唱姑妹比賽，外人進去觀賞的要到艇上掛號。而且備有獎品。

據說在廣州石湧口一帶「唱姑妹」最好的蛋民有陳大口，大口金，八妹，生果滿，煙屎舊，桂好，他們各

自的優點是——

　　陳大口：聲音清亮，花樣繁多。

　　大口金：音散帶嗓，多插笑話。

　　八妹：音聲細嫩，語多相關。

　　生果滿：聲音響亮。

　　煙屎舊：喉音多變，大小相和。

　　桂好：聲音平平，語多滑稽。

　　此外尚有生果榮，雲吞財，生鬼發，亞八，清妹，大聲婆（即亞拉）等亦甚佳。

　　唱姑妹，有男女對唱，有男或女獨唱，有時先由男子獨唱，唱到中間由女子答和。廣州石涌的蛋民所唱的是：

　　　　自唱：

　　　　今晚嘟啲月光將圓亮呢姑妹，（嘟啲是襯音）

　　　　我的嘟啲生果好新鮮囉哩，

　　　　而家嘟啲半夜三更人將散呢兄哥，（而家，現在也）

　　　　各位嘟啲朋友想買就開聲囉哩，（開聲，開口也）

香蕉嘟啲沙田甜柑透心呢姑妹，

妹呀嘟啲幫襯格外平囉哩。

呀哥你唱的歌真有意呢兄哥，

弟係唔比得咁好高才囉哩，

兄你係有心共我講囉哩呢姑妹，

我而家獻醜失禮兄台囉哩，

兄嘟啲唱情令我學呢兄哥，

學來學去嘟啲似你四爪扒沙囉哩，（四爪扒沙，言其笨拙也）

扒來扒去凸出頭又綠呢姑妹，

綠頭是帽一隻大烏龜囉呢。

對答唱：

烏龜的名是你妹俾我的囉哩兄哥，

你唔鬧你妹你嘟啲來鬧人囉哩，

我起東堤你妹來褸我呢姑妹，（起，在也；褸，挑撥也）

帶埋街去你係我舅爺囉哩。

大口金在河南唱的鹹水歌如下：

自唱：

今晚的十五月光人共賞囉，姑妹，

我嘟啲請位姑娘呢傾嚇談囉哩，

邊位的朋友來唱嚇姑娘呢，兄哥，

唱完姑妹共你賞嚇月光明囉哩。

對答：

我都賞完月光來玩耍嚇囉，姑娘，

有姑娘都同我玩耍好開心咯呢。

各位朋友聽見好歡喜呢，兄哥，

見我都來耍請大家都來咯呢。

答：

賞月啲高興人人有的呢，兄哥，

月神嘟啲唔想你哋所為咯呢，

好多朋友唔聽你的醜話囉，姑妹，

醜言醜話嘟得職姑娘咯呢。

對：

哈哈哈嘟哈哈哈真好笑呢，姑妹，

我喜歡聽你的聲音如鶯唱咯呢，

滴滴瀝瀝嘟啲鶯音令人敬呢，兄哥，

姑你嘟唱出來我聽出耳油咯呢。（聽出耳油，
形容其音之佳也）

答：

你嘟啲流耳油係生大毒呢，兄哥，

你的大呀毒好似發大瘋人咯呢，

你的發瘋巡警來鎖你去囉，姑妹，

拉你嘟啲發瘋院見嚇閻王咯呢。

對：

我你嘟啲發瘋你都摟我耍呢，姑妹，

耍理今晚又共你嚇蝦魚咯呢，

蝦又蒸時魚又炒啲咯，兄哥，

蒸蒸炒炒嘟共你同柏咯哩。

生果榮又與桂好對答唱的蛋歌如下：

榮：

桂好你坐嘟坐在艇頭來賣俏咯，姑妹，

猶如我嘟啲生果入心嘟甜咯呢。

桂好：

人坐艇頭嘟啲來賞呢，兄哥，

不以你嘟啲賤格亂車來囉哩。

榮：

我嘟一片真心嘟啲同你耍囉，姑妹，

見你嘟啲秋波一射身都輾埋囉哩。

桂好：

而家你都身輾一陣你都身硬咯，兄哥，

明天你的屋企喊你的陰魂囉哩。（屋企，家
中也）

榮：

如果都得妹真心我都心甜囉，姑妹，

我就嘟啲從願死在妹的身前囉哩。

桂好：

呸呸呸亞榮你死都關乜我事呢，兄哥，

而家你死作，忤作嘟啲執去埋囉哩。（忤作，
殮工也）

榮：

桂好嘟有咁好情義嘟令我愛咯，姑妹，

不如同我嘟買的生果嘟做夥計囉哩。

大口金在石涌口唱的蜑歌如下：

今晚月圓人人共賞哩，兄哥，

賞完明月共哥起處傾嘛談囉哩，（傾嘛，談談也）

又有亞姑起處來做伴哩，姑妹，（起處，在也）

睇嘛佢靚過楊貴妃囉哩，（靚，美也）

我共兄台我似遊月殿囉，兄哥，

各人可得一個歡心人囉哩。

賞月之時有亞姑來伴飲哩，兄哥，

飲完有位亞姑遞月餅香煙囉哩，

執起香煙有火柴有盒畫哩，姑妹，（冇，無

也；畫，擦也）

請姑借一個火柴盒畫嘛囉哩，

香煙真係索得滋味囉，兄哥，（索，吸也）

索完之後共姑遊嘛河囉哩，

各位哥兄遊河有姑伴囉，

我哋遊河有亞銀相隨囉哩。（我哋，我們也。）

聽見亞姑望住我來叫囉，姑妹，

叫我快啲過亞姑艇來囉哩，

來到艇頭拖我上艇去哩，兄哥，

斟茶送煙叫句嚇大少囉哩，（大少，少爺也）

我好心歡同姑揸嚇手哩，姑妹，

又刁眼角兩家笑起來囉哩，

姑笑之時身都鬆曬囉，兄哥，

尤如仙子來伴嫦娥囉哩，

神女有心都襄王有意哩，姑妹，

兩心從願共去遊河囉哩。

在香港的蜑民，他們又有一首最流行的鹹水歌如下：

女唱：門口有菠蘑囉菜；兄哥，唔聲唔聲走埋
來。（菠，株也）

男唱：甕菜落塘唔在引，姑妹，二家情願使乜
媒人。（使乜，用什麼也）

女唱：番鬼識當唐人坐落；兄哥，哥歪二字趕
兄台。（識當，Sit down 也；哥歪 Go away 也）

男唱：番鬼花邊唐人打印；姑妹，有心撩我莫
向撩人。

女唱：番鬼推車錢銀世界，兄哥，無餞大纜絞
唔埋。

男唱：番鬼鷹中釐戥稱；姑妹，當初唔肯莫
應承。

女唱：番鬼洋煙唔好食，兄哥，食煙容易戒
煙難。

男唱：番鬼洋煙從無練，姑妹，單心來共妹
癡纏。

女唱：番鬼月頭四個禮拜；兄哥，但逢禮拜要
哥開來。

男答：番鬼鷹中未有打印；姑妹，送完番鬼去
唐人。

女唱：香港生涯還有老契；兄哥，貪新忘舊打
醒精神。（老契，情人也）

男答：香港有間大纜舖；姑妹，買條大纜帶住
艇旁。

女唱：香港有間白米舖；兄哥，打石白米養
姑娘。

男答：香港有間打銀舖；姑妹，打條銀鏈帶妹埋城。（埋城，上城也）

女唱：香港有間綢緞舖；兄哥，買齊綢緞做衣裳。

男答：香港英銀釐戥稱；姑妹，家中唔願惡應承。（惡，難也）

女唱：香港生涯還要到底；兄哥，有妻懷念莫把妹為題。

男答：香港花街情太重；姑妹，誰知今日大不同。

女唱：香港熱頭人曬壞；兄哥，勸哥莫做水面生涯。

男答：香港姑娘無個義氣；姑妹，其心從此結合佳期。

女唱：上束落西揣帶小妹；兄哥，帶埋小妹去到江湖。

男答：上束落西欲攜小妹；姑妹，海波浪大我姑惡行。

女唱：頭槳可掌尾槳可掉；兄哥，丟低二槳共哥商量。（丟低，放棄也。）

　　男答：有水行船無水食；姑妹，有姑同講無姑同床。

　　女唱：正月娶婆二月帶妹，兄哥，恐妻容易帶妹虛閒。

　　男答：落雨擔遮攜熱扇；姑妹，共姑攜手萬千年。

　　女唱：我哥有情遠有義；兄哥，有情有義等哥開來。

　　男答：香港鬢茬自己作賤；姑妹，將身作賤醜陋生涯。

　　女唱：香港賺錢大馬路散；兄哥，哥你風流不顧妹淒涼。

　　男答：香港生涯容易散；姑妹，散極留番養妻兒。

　　女唱：上海有妻，下海有妹，兄哥，兩盅白飯任哥施為。

　　男答：岸上姑娘人俏雅；姑妹，千金難買水上繁華。

　　女唱：手巾褸頭鹹水妹；兄哥，長鬆大髻淡水姑娘。

男答：勸姑少年唔咁好壞；姑妹，老來個陣向乜誰攜。

女唱：轉入羅帳無乜計帶；兄哥，衫褲除下任哥施為。

男答：入到羅幃唔係計帶；姑妹，真心說語「個件」為題。

女唱：新勾老契還要到底；兄哥，莫話半站把妹丟離。

男答：切薄沙梨一個咬唳；姑妹，將心丟卻欲捨難離。

女唱：七月指薑八月欖豉；兄哥，攬妻容易攬妹虛閒。

男答：擔水上山淋月桂；姑妹，種生月季伴妹羅幃。

女唱：馬蹄批皮唔批頂；兄哥，當撈人仔四海標名。

男答：你眼關來我眼關；姑妹，出如新會隔香山。

女唱：番鬼新爹唐人禮拜；兄哥，但逢禮拜要哥開埋。（新爹，Sunday）

男答：不時開來無乜計帶；姑妹，真心話「個件」為題。

女唱：不是貪哥容貌俏；兄哥，貪哥行動可逍遙。

男答：先到福州後到上海；姑妹，但逢有信寄書來。

女唱：香港有間魚肉舖；兄哥，買條魚肉與哥打邊爐。（註：打邊爐，火鍋也）

男答：紅毛大班無姑你份；姑娘，摩囉水手係你姑情人。

女唱：同哥揀錢猶如揀債；兄哥，要哥糴米等火船理。（揀，取也）

男答：前世食齋未有朗碟；姑妹，今生折墮呢段生涯。

女唱：衫袖裏頭藏白菓；兄哥，想哥唔到落水投河。

男答：初一唔來十五就到；姑妹，但逢五、十實開來。

女唱：一晚相交無乜實意；兄哥，真心待你也亦虛閒。

男答：番鬼花邊你想打印；姑妹，沙塵人仔無乜錢銀。

女唱：十兩半斤容乜易散；兄哥，常撈人仔莫咁縱橫。

男答：圓眼結緣緣分小；姑妹，買個西瓜共姊結大緣。

女唱：茶葉翻渣茶無味；兄哥，共你和番蜜餞沙梨。

男答：今晚開罷就罷；姑妹，剩番三頭五十買香油。

女唱：瓜子檳榔落滿碟；兄哥，生煙落錯水煙筒。

男答：落手相交情咁重；姑妹，肩撓背負為妹花容。

女唱：食了芋頭丟了芋頂；兄哥，廣東人仔四海開名。

男答：你食了芋頭丟了芋頂；姑妹，花街人女極好人情。

女唱：七月銷差八月帶妹；兄哥，帶妹回歸做你老婆。

男答：有姑出兵日日勝；姑妹，光宗耀祖又拖翎。

女唱：頭鬘唔梳話懶惰；兄哥，梳光頭鬘話妹勾人。

男答：鹹水姑娘繞隻散鬘；姑妹，光梳頭鬘淡水姑娘。

女唱：食粥梗心食飯梗肺；兄哥，食哥茶飯任哥施為。

男答：燒酒大杯叫姑你飲；姑妹，妻姑起筷把瓜子為題。

女唱：鹹水姑娘唔係好散；兄哥，迎新送舊也虛閒。

男答：槳耳掉崩跌姑落水；姑妹，有姑落水無姑浮頭。

女唱：香港許多收命鬼；兄哥，把哥留住把魂迷。

男答：衫袖裏頭藏豆蔻；姑妹，丹心一片講風流。

女唱：大兄充軍二兄問吊；兄哥，三兄四弟法擔泥。

　　男答：你哥擔泥無乜事幹；姑妹，擔泥二字為妹癡迷。

　　女唱：大海茫茫魚打混；兄哥，五洋大海係哥山墳。

　　男答：你話海茫魚世界；姑妹，聽埋銀子葬妹山墳。

　　女唱：先買雞春後買鴨蛋；兄哥，兄猇蓆袋後猇籃。

　　男答：你肚娘胎你我打種；姑妹，孩兒落地為哥香爐。

　　其次，蜑民女子出嫁的時候，她們的哭詞也很有歌謠的意味。蜑民女子當出嫁的前一晚上，她們召集她們的姊妹們聚集一起，放聲哭歡，魔東的俗名做「開歡情」。她們有一首十二月的歡詞如下：

　　　　唉我妹呀，
　　　　正月水仙枱上擺呀，
　　　　還有石春伴住水仙頭呀。
　　　　二月桂花貴地種呀妹，
　　　　你姊學人聞話貴地長呀，唉眾妹呀。

三月白蘭過街叫佢買呀，

買來白蘭奉神前呀。

四月黃蘭難到低呀妹呀：

我難到庇有乜誰知聞呀。（乜誰，誰人也）

唉我各位姊妹呀，

五月英爪冇心人冇義呀，

你姊冇心咁就苦低連呀。

六月米仔蘭購兩樣米呀，妹呀；

問你兩樣花名邊樣香呀。（邊樣，那一種）

七月玫瑰花香由我媽親手種呀，

官家看見全盆搬呀亞妹呀。（官家，指男家）

唉我各位姊妹呀，

八月金菊海棠來鬥艷呀，

我媽移佢到廳堂呀。（佢，牠也）

九月白菊花開開得含笑口呀妹；

菊花含笑我含愁呀。

唉我各位親愛呀妹，

十月大紅花開得滿園紅過日呀；

紅花難續我命長呀。

唉我各位親愛呀妹呀，

十一月桃花含蕊笑呀，

佢家歡喜笑我擔愁呀，妹呀。

唉我地親愛呀妹呀，

十二月臘梅花開年將近呀，

保佑我爺娘壽命延長呀。

又有一首名叫《喊天九》即把天九牌的名字拼合起來，成為有意義的歌詞。如下：

（天地人）牌分拆散呀，（梅花）全白落黃泉呀。

（要六）連具常暗慘呀，（雜九）杧非慘斷腸呀。

（地八）分開常竊覽呀，（人七）無情分散開。

（鵝五）（大梅）歸地府呀，（至尊）開口歎淒涼呀。

（長三）一對分離呀，（板凳）分離我落陰呀。

可憐（要七）難見面呀，（三雞）細小保唔來呀。

（斧頭）自古傳陽世呀，（紅頭）軍隊隔住冇歸期呀。

又一首叫《喊三十六古人》，是把「梅花」牌的名

稱拼合起來的歌詞，如下：

　　（合同）聞得嚴親話，（合海）（榮生）侍老人，
　　獨望父親（安仕）身康泰，（太平）平落百
年長。

　　（月寶）保身長百歲，（明珠）兒女敍（三槐）。
　　呢枝壽命（天良）滿，（火官）歸位坐龍神。
　　（天中）召你歸原位，（青雲）得步上瑤池。
　　數十（至高）難滿日，（佔魁）難望轉回頭。
　　我心想奉雙親又難見面，（正利）懷思淚暗流。
　　咁就今晚（青元）歸一世，（萬金）難買我
回頭。

　　（只得）席上佳肴稱好味，（正順）齊來各鑒嚐。
　　（逢春）滿路旨來敍，（九官）倍我英雄，
　　（銀王）架屏分左右，千般（有利）望才源。
　　（元吉）四方方吉照，（光明）路上貴人逢。
　　（江詞）老少人康泰，（福孫）住子壽延長。
　　兒孫他日攀（丹桂），（必得）榮華各自然。
　　想得（坤山）葬在龍口地，（茂林）發逢子
孫榮。

最奇怪的是，蜑民娶親，大約在晚上，這時女家親屬聚集歡飲，到了三更左右，男家的娶親的艇便搖到女家來。這時新娘要用哭詞來痛罵媒婆一頓，來表達她不願離開自己的家庭，唱完，才進到男家的娶親艇去。她們的罵媒婆的哭詞如下：

> 唉，媒婆呀，你做媒婆唔得好呀，
>
> 人家女兒唔做你偏做我呀，你生子做賊：
>
> 生女來當娼呀，賺埋的錢財來養你個龜婆呀，
>
> 你做龜婆做過世呀，你心咁毒送人女子落閻王呀。

而當過新嫁的姑娘，梳頭時也哭罵媒人，其詞如下：

> 新梳梳頭肉痛呀，
>
> 自己梳頭鬼咁自然呀，
>
> 梳斷乙凳要你續呀，
>
> 梳斷兩條要你賠呀，
>
> 賠金賠銀世唔要呀，
>
> 賠番金絲頭髮來打扮呢個大烏龜媒婆呀。

蜑民有人逝世了，家族哀哭，他們的哭詞也頗類似歌謠。茲錄數首如下：

哭母

你女驚天動地啊，

我驚天動地嚒歸黃啊（黃，謂黃泉也）

我乍醒朦朧世唔估啊（世唔估即想不到之意）

唔估親娘咁早上下亡啊！

個陣你陰路好行陽路別啊！

個陣你陰司條路且長行！

蜑民結婚之夕，大張筵席，親朋會飲，飲畢，便鬧新房。鬧新房時，各人對新娘唱種種歌謠以取樂，這些歌謠是很美麗的，現錄數首如下：

四海三山八洞仙，

九牛五虎一齊眠，

二姊七姑尋六友，

周圍十五月團圓。

手執鵝扇兩便西，（西，即搖動）

借問深抱幾時歸，（深抱，即新婦也）

一定昨日好番歸，（番歸，回家也）

歸來好心事某某，（某某指新郎）

拍手而做到眉齊。

茶就我茶，揸就你揸，來就我家，

願住我家，同心合意，結子繁華。

八仙柏頭一盞燈，

燈燈覓開兩粒仁，

你女掛娘兒掛母啊！

做乜你一便心腸你別兒啊！

做乜你兩目閉埋唔掛女啊！

女難為女兒掛跟娘啊！

哭妻

我妻妹啊，

記得初歸第一個晚呀，

我口夾舊冰糖俾你嚐啊！（俾，給也）

你唔念子情，情太談！

你唔好留命在陽台啊！

媳哭家婆

唉，第一杯，全夜報兆年呀安人，

將射箭呀安人，

杯中好處萬雷君奉酒尚真情呀。（萬雷君，奉酒之神）

第二個杯張四嬌鳳四姐走去後樓買酒呀，（張四嬌鳳四姐，死者之神）

女旦當今無二樣呀安人，

你子女好似金英流淚恨親娘呀！（金英，古人，死母之悲者）

眾位聽過行好運，

出路相逢遇貴人。

蛋民社會中又流行着一種風俗，每年三月初一為蛋家婆「買力」之日。因為她們要搖船把櫓和男子一樣工作之外，還要生孩子，管家務，所需要的「力」自然很多。故傳說每逢是日都要把岸上人們的「力」買回去。買力的方法是在晨光熹微的時候，在船上向空叫道：「一邦快，二邦快，姑娘婆嫂的力都來囉」（來囉，全部來了之意）。這種也可算是蛋民很好的歌謠，此外又

有檸檬仔歌和新婦歌均足表現疍民的實際生活，茲錄
如下：

檸檬仔

檸檬仔，酸兜兜，

亞哥撐船落廣州，

廣州女仔學梳頭，

四兩頭髮半斤油。

新婦歌

新婦出埠頭拜觀音，

家婆睇見偷歡喜，

家公睇見笑瞇瞇。

疍家人

張壽祺　著

責任編輯　黃嗣朝
裝幀設計　鄭喆儀
排　　版　黎　浪
印　　務　劉漢舉

出版　　中華書局（香港）有限公司
　　　　香港北角英皇道 499 號北角工業大廈一樓 B
　　　　電話：(852) 2137 2338　傳真：(852) 2713 8202
　　　　電子郵件：info@chunghwabook.com.hk
　　　　網址：http://www.chunghwabook.com.hk

發行　　香港聯合書刊物流有限公司
　　　　香港新界荃灣德士古道 220-248 號
　　　　荃灣工業中心 16 樓
　　　　電話：(852) 2150 2100　傳真：(852) 2407 3062
　　　　電子郵件：info@suplogistics.com.hk

版次　　1991 年 11 月初版
　　　　2024 年 4 月第二版
　　　　2024 年 6 月第二版第二次印刷
　　　　©1991 2024 中華書局（香港）有限公司

規格　　32 開（190mm×130mm）

ISBN　　978-962-231-638-6